小黄鸭之父

香港玩具人林亮传奇

戚小彬/著

南方日报出版社
NANFANG DAILY PRESS
中国·广州

图书在版编目（CIP）数据

小黄鸭之父 ：香港玩具人林亮传奇 / 戚小彬编著. — 广州 ：南方日报出版社，2017.12
ISBN 978-7-5491-1765-9

Ⅰ. ①中… Ⅱ. ①戚… Ⅲ. ①林亮—传记 Ⅳ. ①K825.38

中国版本图书馆 CIP 数据核字(2017)第 298022 号

XIAOHUANGYA ZHI FU
小黄鸭之父：香港玩具人林亮传奇

作　　者：戚小彬
出版发行：南方日报出版社
地　　址：广州市广州大道中 289 号
出 版 人：周洪威
责任编辑：刘志一　陈　静
封面设计：邓晓童
责任校对：王　燕
责任技编：王　兰
经　　销：全国新华书店
印　　刷：广州市怡升印刷有限公司
开　　本：787mm×1092mm　1/32
印　　张：10.75
字　　数：212 千字
版　　次：2017 年 12 月第 1 版
印　　次：2017 年 12 月第 1 次印刷
定　　价：38.00 元

投稿热线：（020）87373998-0503　读者热线：（020）87373998-0502
网址：http://www.nanfangdaily.com.cn/press　http://www.southcn.com/ebook

小黄鸭之父林亮与他1948年原创的小黄鸭复制版

图中五只鸭子，左一为复制品，右四一大拖三小是1948年原版

2017年3月至5月，香港历史博物馆举办的玩具展中最热门的小黄鸭场景，逢周末及假日至少排队两小时才能轮到拍照

早年林亮与母亲（中）、发妻（右）及三个孩子，摄于20世纪60年代初

林亮八十大寿时全家合影

序·追梦玩具人

金耀基

这本书的主人翁是93岁的林亮先生。

10年前，在被称为香港文化飨宴的“炉峰雅聚”上，因工业家蒋震先生的引介，我认识了林老。只见他一头浓浓的花白头发，额上一轮轮如铁轨的皱纹，犹似刻画了识尽人间滋味的沧桑。他浓眉慈容，给我一见如故的亲切，而他天真无邪的笑声更令满室充盈了欢愉。经友人相告，才知道原来林亮先生是香港玩具业的老行尊，是一生都为儿童打造快乐的玩具人，无怪乎我见到他就感觉到他的赤子心、孩子气。

超过半个多世纪中，从20世纪40年代到50年代到60年代，林亮一直在塑胶业与玩具中寻梦、追梦，这为他带来许多大大小小的成功与胜利，但每次成功、胜利的欢笑背后，总有不少艰辛、奋斗与挫折。1952年，一夜间，工厂改姓“公”，多年心血付之东流，所有几乎归零，一切打回原形。到了70年代，那是经济全球化狂飙的时代，也是中国开放改革，展开现代化新长征的时代。林亮洞悉世界玩具业的挑战与机会，1978年一天，他决心做玩具业的改革先锋，跨过罗湖桥，在东莞设立“永和玩具厂”。林亮既小心谨慎又有勇气与决断，他是敢于第一个吃螃蟹的人。1988年，林亮凭着在玩具业的信誉与专业，与美国玩具大企业“孩之宝（Hasbro）”达成合作，推出了“变形金刚”新型玩具。“变形金刚”在中国大陆一出现，即刻引发疯卖现象，三个月销100万个，走进了千家万户。林亮也赢得了“中国变形金刚之父”的名号。无疑，引进“变形金刚”来中国生产是他玩具生涯中一个新机遇，同时也恰恰证实了西谚“机会总是预给有准备的人”。林亮时时刻刻在找商机，他一生都在准备中。

林亮这位玩具业的寻梦人，是永远不肯停止追梦的脚步的。2013年林亮89岁，他的追梦、创梦之心再次被在维多利亚港引起轰动的“大黄鸭”激活，林亮于1948年创作的塑胶经典小黄鸭在停产50年后又重生了。

林亮老人于90岁那年设立了“得意创作有限公司”（Funderful Creation Ltd.），正式再次走上创业追梦之路。这次创业，不为钱，不为利，只是他七岁少年时要造玩具梦想的延续。林亮是一个没有玩具之乐成长的人，所以他一辈子就是要为天下儿童创造玩具，所以他一辈子都拥有那颗赤子心，那股孩子气，所以他一辈子都是满身焕发正能量的玩具人。见过林亮老人的人，莫不被他乐观、爽朗的性格所感染，但谁能知道他也有一个可能今日狮子山下很少人能想象的童年、少年乃至青年。

林亮幼时贫苦，读香港华仁书院时，每天要在乘电车或吃午餐中做选择，因为乘电车就没钱吃午餐了。若不是校长分外体恤，他几乎因交不足学费而退学。林亮父亲是一个普通的厨师，日日辛劳尚不足以养家。日军占领香港后不久，他竟被日本军人无故刺死，死时才48岁。父亡后，林亮只好随母亲北归故里南海。为了养家，林亮小小年纪就拿起锄头做农夫，间中还要做些小买卖。不是受不了农村之苦，而是想到城市闯一片天。开始他在城中的长生店（棺材铺）打杂，夜晚睡棺材板。之后，他又选择了收入低微的售卖书报工作，为的是可以有机会接触到新资讯。林亮心里已存了一个只有靠知识才有出头日的想法。这段日子里，他已隐约了解到在欧美主导的全球化时代，必须苦读英文，努力武装自己。后来他为多个老板打工，一点不奇怪，有的老板好，有的老板不那么好，但不论老板好坏，他都为老板所赏识，因为他不但勤奋、忠诚，而且有想法，帮老板赚钱，赚大钱。

是的，林亮终于自己也成为了老板。初时规模小，但他可做自己梦想的工作，而他对工友，则一律宽厚、体谅，所以工友都肯与他同心同力。后来他事业不断扩大，2000年时，已拥有八间工厂，雇用了近两万工人。事实上他影响了整个玩具工业，使玩具工业进入了一个大蓬勃发展的局面。林亮不论何时何地，自始至终都坚持他自许的做人做事原则“诚、信、勤”。正因如此，他才能在行内，甚至异国同行中，赢得尊重与信任。

值得一提的是，林亮先生因诚信待人处事，而为中外同行所信任，而他的专业与眼光，加上他的英语能力，使他与外国企业大老板、政界名士交流无碍，并屡屡赢得商机。1960年，他单枪匹马在伦敦智斗世界玩具大王马克斯；1986年用英文演说半小时，说服“孩之宝”众高层在中国内地投资，并引进“变形金刚”；2007年，舌战美国国会11位议员组成的代表团，讨论玩具油漆铅含量责任问题，最后迫使他们向中国人民道歉。最令他兴奋的是一次不关商业的谈话，2002年，他受美国康奈尔大学（Cornell University）邀请，用英语与学生座谈，讨论“中美友好商贸关系的基本原则——经得起时间考验的教训”，他谈古论今，滔滔不绝，对答如流，令中外学生肃然起敬。林亮先生已经从一个企业家变为国民外交的使者了。

林亮是一位杰出的玩具工业家，这是了无疑义的。2015年，他被香港工业总会颁授“杰出工业家奖”，可说实至名归，《南华早报》亦有大篇幅报道。林亮在玩具业寻梦、追梦的一生，从20世纪40年代到21世纪的今天，几乎与香港发展、上升的历史是分不开的。20世纪40年代，香港是人口60万的旧式殖民城市，而今日已是超过700万人的国际大都会了。

林亮93年的人生，跌宕起伏，有欢笑，也有悲伤，但每次风雨过后，总见彩虹。他是香港塑胶工业开拓者之一，更是香港玩具工业的先行人，他为狮子山下的拼搏精神做了生动的诠释。林亮这位杰出的玩具工业家的奋斗历史是香港集体回忆中珍贵一页，值得书写下来与香港同存共久。

非常有意思的是，书写林亮平凡中有不平凡故事的是自1994年与林亮携手走来的戚小彬Shelly女士。Shelly原是中国内地的军医生，专业是医学，但她唯一爱好是文学，写得一手好文章。Shelly与林亮老哥20多年来已成为你中有我、我中有你的生命共同体。知林亮其人、其事、其志趣者，莫有过于Shelly。Shelly何幸有林亮为知己，林亮亦何幸有Shelly为知音。Shelly这本《小黄鸭之父——香港玩具人林亮传奇》写了很久，写得辛苦又快乐，但确是写得很好，连主人翁林亮自己也十分满意。读者如我，对作者Shelly是十分感激的，因为她加深了我对这位结交10年的老朋友的认识。当林亮伉俪要我为本书作序时，我是欣然从命的。

是为序。

二〇一七年五月三十日

（作者系社会学家，香港中文大学原校长、新亚书院原院长）

卷首语·自言自语

戚小彬

总有一些人，在我们心里分量很重；总有一些事，在我们生命中值得拥有。为了不能忘却的纪念，不仅为自己，也为给后人留下历史的只言片语，终于，完成了这本习作。

促使我拿笔写这本书的动机，主要有三点。

第一是感动，被主人公的执着和香港玩具厂商会这个齐心的小团体感动。来自主人公的感动书中已有详述，不在此重复。而在香港定居21年，与玩具厂商会的接触令我深受感动。都说同行是冤家，但是在我眼中，香港玩具厂商会是一个以集体利益为大局的非常齐心的团体。这个团结的团体经常做一些团结的事情。

2011年1月8日，香港玩具厂商会在湾仔会展中心举办新闻发布会，宣布行业新书《玩具港》（*Toy Town*）问世。这是一本少有的系统介绍香港玩具历史的书，对研究者有参考价值，对外行则不失为了解香港玩具的启示录。厂商会内部集资，聘请外国记者采访了几十人，以中英双语撰写，历时三年才完成。

书中一开篇就介绍了从业60多年的老前辈林亮。我知道，每次记者约见，林亮都会尽量配合，不怕麻烦翻找旧照片、资料和旧道具，耗费了自己许多宝贵时间接受采访，还原历史真相，让历史告诉后人，当年前辈们是怎样走出自己的人生之路的。

如果说玩具厂商会是一艘大船，那么林亮仅仅是船上的一员。限于篇幅，《玩具港》中许多人的精彩故事只能寥寥数笔一带而过，读后令人意犹未尽。它是一个宏观的叙述，一个轮廓，一个骨架。而我在我的这本书中填充的，是肌肉和血液，以具体事例的微观描写，令人物更立体、更人性化、更有生命力。

第二点是责任。我自己也是一个年过花甲的老人了，看到现在许多的年轻人太脆弱，太不成熟，受不得一点挫折，经不起一丁点困难的考验，甚至对来自善意的一点薄责都不愿入耳，动不动就出走、跳楼、自杀或付诸暴力，完全不计后果，我感到难过。有人一边喝着可乐、红酒，吃着牛排，一边怨社会不公，怨自己生不逢时，找不到好工作；有人挣五千，花八千，只为一个包，一个最新款手机，对纸醉金迷的追求令我匪夷所思；也有人大骂政府不仁不义，令其不能买车买楼。

在这里，我真的好想问他们一句，为了可以活着，你们吃过野菜树皮鼠肉吗？为了可以生存，你们抬过尸体睡过棺材吗？为了省下区区三分钱，要日行18里上下学；为了微薄的收入，日作19小时，身兼三职……有些人动不动就以消极态度回馈社会，太令人伤心，也太令人遗憾。

正如美国未来学家丹尼尔·贝尔所说“一代人为之艰苦奋斗的事情，在另一代人看来往往是平淡无奇的”。

平淡也好，无奇也好，今天看到自己的心血凝成了文字，历史得以记录和保存，不管怎样心里都有一点安慰。

第三点是心愿。其实早在2011年动笔时，初衷是想在2014年将书作为一份生日礼物送给90岁的林亮先生。谁知一个不小心，左三年，右三年，一晃就过了六年。

2017年是非常值得纪念的一年，不仅是香港回归祖国20周年，也是林亮先生的香港永和实业有限公司成立70周年。

写作期间，关于林亮先生1948年创作的经典小黄鸭浮上水面，有两个问题最常被人问到：第一个，你们的小黄鸭和那个大黄鸭是什么关系？是大鸭抄你们还是你们抄大鸭？

其实答案一次又一次被告知，问题仍一次又一次被问起，用书中主人公林亮的话来解释最恰当：“不要听我说的，也不要信你听说的，听事实的。”

事实是，1948年，24岁的林亮在香港首次用塑胶注塑出小黄鸭，它是香港乃至全中国第一个用塑胶做成的玩具。在那个年代，绝大多数人都不懂知识产权为何物，连世界闻名的芭比娃娃都没注册。林亮也是在2013年才将之申请版权和注册的。小黄鸭出世后，许多人受到启发，将它发扬光大，响哨鸭、浮水鸭等相继上市。

1992年美国某著名婴幼儿产品供应商在中国订购了

29,000只浮水鸭，但不幸运输中货轮出事，29,000只小鸭从此开始了奇妙的漂流。15年后，这一大批特殊的小鸭随海流不时在不同国家的岸边被人捡拾，引来媒体关注。2007年6月27日，英国《每日邮报》报道，这批小黄鸭的鸭踪，15年来无意间为海洋学和地理学的科学家们提供了极其宝贵的资料。

1978年出生的荷兰艺术家霍夫曼（Hofman），在2007年看到该报道后灵感迸发，创作出一只巨大的黄鸭，并在2013年带来香港展出，引起轰动。

这就是事实——小黄鸭1948年诞生，大黄鸭2007年创作，一个是玩具，一个是艺术品。两种类别，两个品牌。亦有美国记者专门为此写过评论。

第二个问题比第一个更多人问，不仅朋友问，客户问，连采访林亮的主持人、记者和摄影师都好奇：到2017年已93岁的他平时是怎样保养的？每天吃什么补品？做什么运动？

最简单易记的四句话、12个字“吃得清，行得稳，看得开，睡得狠”。其他保养细节可在书中找寻。

人是要有梦想的，年龄只是一个数字。谁说年老不可以有梦想？但梦想有时最终可能仅是一场梦。在走向成功的梦想时，不易与挫折像两根针一样，一直跟随我们。在坚持还是放弃的天平上，刺中了生命不可承受之重，也刺破了某些人性的弱点，让我们在前行的途中有惊喜，也有错愕；有收获，也有弃耕。

90岁第二次创业，本身就不是按常理出牌。我不知道在你们身边，你会遇到几个这样的“傻人”。不过人生本来就没有一个固定模式和标准答案，每一次选择，每一条道路，每一种活法，只要不超越底线、不违法，就都应值得尊重和包容。

路，走过了才知有平有凹；戏，看过了才知有笑有泪；人，品过了才知有真有伪。

性格是无意中形成的，道路是有意去选择的。在说易行难的今天，既然林亮先生挂上了自动波，选择追求未来胜过享受现在，那他就不是独行者。

作为伴侣、助手、秘书及业余作者的我，从不情不愿到有怨无悔地支持他、协助他，虽然不止一次想抽身、想放弃，但最终还是被他感动而自愿同车。不管结局如何，不理舆论怎样，我们在走一条自己想走的路。只要青山在，每天都精彩，至于是对是错，历史会告诉未来。

我深知，我们都已不再年轻，本不应再做梦。但这梦与感动和责任相连接，欲罢不能。它蕴含着生命和活力的密码，值得我们用余生去追求。

小黄鸭离成功还很遥远，但我们会牵手在路上。小鸭是载体，我们是推手，在懵懂中学习，在学习中成长，在成长中进步，一路走去，一路坚定。

目标既然已定在远方，就只能风雨兼程。我为自己有能力留下这近15万字的记录充实历史并得以传播而感受到了一丁点成就感。

天对地，雨对风，小鸭对苍穹。

人生百味，百味人生，一切尽在不言中。

二〇一六年十一月十八日

写于香港家中

目录

上篇

下篇

上篇

变幻人生的不老传奇

当你活到90岁，空闲时你会做些什么？

逗逗曾孙，下下棋，写写字，打打麻将，偶尔旅行一下，做点轻松的事，总之，发挥余热，颐养天年？很正常，也很普遍。但香港有位老人不是这样，他在90岁那年开始了人生的第二次创业，追寻他一直未圆的梦。

他，就是今年已93岁的玩具制造商林亮先生。

在玩具界，林亮称得上是一个老前辈。不论在香港、内地或国外的玩具界，他算是小有名气。有人称他为“老行尊”，有人称他为“玩具泰斗”，还有人称他为“玩具教父”，更多的人称他为“变形金刚之父”。

不管别人称呼他什么，他都会哈哈一笑，摆摆手说：“不敢不敢，就叫我林亮或者亮仔好了。”

他真正的名字有三个字——林亮添，出世纸、回乡证以及护照上都是如此。但他嫌最后一个字啰唆，笔画又多，平时索

1997年，林亮荣获“玩具业杰出成就奖”

性弃去不用，只用前两个字——林亮，名片上都是这样付印，英文缩写为L.T.。

第一眼看到他，你就会觉得遇上了一位和蔼可亲、慈眉善目的长者。他的笑容，他的目光，仅一眼，就会令你发觉，他是一个可信赖的人。和他握手，传递过来的是一份踏实的温暖；和他谈话，感受到的是一种诚恳的交流。接触他，了解他之后，你更会觉得他是一位可亲、可敬的长辈。

年届93岁高龄的他，在2014年开始重拾他的黄鸭梦。那是1948年由他创作的一只大黄鸭带着三只小黄鸭的一拖三套装，诞生至今也69年了。

这套一拖三的小黄鸭是当年香港乃至内地，第一个用塑胶制作的玩具，他亦由此走进玩具界。小黄鸭的出现不仅创造了奇迹，改写了历史，也成就了林亮当年的创业梦。时光荏苒，当年的打工仔现在已经是香港永和实业集团的主席，管理着逾万员工，六间工厂……

林亮回忆90多年来激情燃烧的岁月，年龄虽高，精力仍在，热情如初，梦想依旧，于是便有了“1948，重新出发”的第二次创业，主要理念来自第一次创业时的小黄鸭。如今小黄鸭也有了正式的中文名——经典鸭，英文名是“LT DUCK”。

苦难童年

1924年3月31日早上，在香港东区医院，一个男婴出生了。

这个男婴和与他同年同月同日生的婴儿没有什么不同，一样会哭会笑，会拉会尿，一样在饥饿的时候会吸吮母亲的奶汁，一样用幼稚的目光打量着这个世界。不一样的，是后来各自所走的人生之路，是各自所得的成就。

父亲林宁（此为乳名，父亲的大名为林福三）在为男婴进行出生登记时，登记处的职员在父亲栏中误将“林宁”写成了“林零”。从未读过书的年轻人初为人父，满心欢喜的目光未发现这一字之误。这个误会就在档案里保存至今。

由于是男婴，自然受到父母的疼爱。虽是贫穷一族，但不妨碍他们对美好生活的期待，连起名字都寄托了老一辈的希望——林亮添。亮，因为是男丁，父母感觉到天空、事物等一切都明亮光彩起来了；添，当然是盼望他的出现再为林家添丁增福。果然两年后，他又有了一个弟弟。但不幸的是，由于家境贫寒，弟弟年幼时因病夭折了。七年后，家里又添了一个妹妹，取名林爱明。

当年，父亲在香港一家美国银行驻港的经理家中当厨师，每月薪水20元。全家因此得以住在位于旧山顶道大宅的工人宿舍内。

大约三四岁时，母亲常牵着他的手从太平山梅道走去中环，经过皇后大道中的大会堂（香港中银旧址）时，常常见有三四个轿子停在门前广场等客。轿夫从大会堂将客人抬上半山区，每趟单程可挣三毛钱。

小时候的林亮，聪明、顽皮、爱说话、好动，也喜欢读书。因母亲在乡间曾当过老师，幼承庭训，林亮三岁就开始学《三字经》《千字文》。

“七岁应神童，天生我姓聪。”他母亲经常很骄傲地这样对儿子说。

家穷，使林亮从小就懂得节俭。他从不乱花钱，这根深蒂固的习惯一直伴随他。七岁回家乡读私塾，三年后入国民小学，之后父母便带他返香港读英文小学。当时，父亲月薪已有30元，头三年学费每月两元，第四年每月的学费是四元，已经占了全家收入不小的比例。

每天父亲给他三分钱作零用，这已包括了全部。当时单程电车是三分钱，买一块面包是一分钱，这就意味着，如果他乘车去上学，他就没钱买面包当午餐。

念英文小学时，他与四个同学自发成立一个学习小组，规定在学校见面交谈时只能讲英语，不许说中文，违规者每次罚一毫。每当罚款累积到五毫时，他们五个就一起去看一场电影。当时电影票一毫一位，已经算贵了。因那时芽菜炒面才一分钱一碟，红豆粥亦是一分钱一碗。但林亮几乎未被罚过。

第五年他考上华仁书院。为了省钱，他天天从铜锣湾步行到中环半山的罗便臣道上学。他个子瘦小，书包又重，每次来回要用去近两个小时。林亮的脚力特别好，到今天93岁高龄，仍健步如飞，可能与他小时候的锻炼有关。

逢下雨天，他就开始动脑筋了。当年的电车是敞开式，无门的，与我们在旧电影里看到的一样。儿时的他聪明又顽皮，故意走在靠近电车轨的路旁，一双小眼睛盯着售票员。电车售票员通常只有一个人，脖子上挂着一个口袋，边收钱，边卖票。

他总是盯着售票员去上层查票的时候，就快速跳上车。估计快查完票要下来的时候，他再跳下车，就这样搭一段“免费”车。这样跳上跳下当然很危险，而且要是遇上雨天，路很滑，摔倒了或正巧后面有车开过来，都不是闹着玩的，弄不好会赔上性命。但初生牛犊不畏虎，他还觉得这样跳上跳下蛮好玩的，而且经常能化险为夷。

可能是从小练就的敏捷身手，他83岁那年，有一次在佛山南海桂城千灯湖公园大门的台阶上，大家正准备集合，林亮不小心一脚踏空，整个人从高处倾斜着几乎摔倒在地。当时他太太就站在他身边，事出突然，太太伸出手但没能抓住他。

当时大家都吓傻了，意外是在一两秒钟内发生的，快得令人根本来不及反应，南海侨务办陈慧局长惊叫着用手掩着自己的嘴，他太太的脸都变色了。

就在那一瞬间，他不知怎样用两脚快捷灵巧地交替着，竟稳稳地站在低了几层的台阶上。

就在大家惊魂未定时，他自己不但站稳了一步一步走回来，还幽默地说："没事，没事。马克思说了，你还没排队，人就来了，不算数。"说完，自己带头笑起来，只是当时除了他在笑，没有人笑得出。

少年的他用省下来的钱，买课本，买笔。

实在馋了，他偶尔也会去买三分钱带肉丝的炒面。但最多的，仍是天天啃一分钱的面包果腹，不然会太饿。间中，父亲会带给他一包白糖，他将白糖撒在面包上，那是他儿时最奢侈的甜品了。

他同班同学中，很多是富家子弟，其父或是潮汕抽纱厂老板，或是大贸易商老总。他们的口袋里常有两三元零用钱。午休时，他们也友好地招呼林亮一起去吃午餐，但林亮每次都礼貌地谢过，一次也未去。

友谊是互相的，不是单程路，他清楚。他知道同学们常去酒楼吃九分钱一碟的炒河粉，饮咖啡、奶茶。他自知囊中羞涩，没有这个经济能力回请他们，唯有次次婉拒。他不想白吃白占人家便宜，尽管他们是善意。

一家四口，虽穷，一天一天也撑过去了。

1941年6月，林亮以全班第一的优异成绩，考入耶稣会的华仁书院。然而，一切还没有开始，就要结束了。

新学年开学时，父亲为难地告诉他，书不能念了。中学学费涨到八元，家里供不起。

林亮立刻垂下头，默不作声，他当然清楚家里的经济状况。但是，他更清楚，他想上学。没有知识的人是没有前途的，他渴望读书，哪怕每天多走两个来回，哪怕每天仍然只吃一片面包。他非常渴望继续念书，可是，现实是残酷的。

他含泪走出家门，没精打采地朝学校走去。那么熟悉的小路，那么悦耳的叮当车声，那么可亲的校长、老师……一切，都将不再复现。

站在校长面前，千言万语变成直直的一句话："校长，我不能来上学了。"说完，他低下了头，泪水在眼窝里打转。

未发迹之前的林先生与友人

“为什么？”校长诧异地问，这可是一个学业优秀的好孩子啊。

“父亲说，家里交不起八块钱的学费。”说完，他忍不住扑到校长怀里，哭了。

校长叹了口气，抚摸着他的头：“去吧，回家去告诉你父亲，还是像从前一样，交四块钱学费，但你一定要来上学，记住了吗？”

林亮抬起蒙眬的泪眼，几乎不敢相信地望着校长：“真的？”

“当然是真的，傻孩子。”校长郑重地一再嘱咐，“你一定要来上学，不上就可惜了。”林亮破涕为笑，谢过校长，蹦跳着走了。至于那四元学费，是校长垫付的，还是学校免收的，林亮至今也不知情。

他只知道，自己又可以背上书包回校园了，又可以在电车上跳上跳下了。

日子虽苦，可是没有书读的日子，心里更苦。童年时上学难的经历，是他心中的痛，更是激发他日后富裕时创办教育基金的动力。这个伏笔，一埋就是几十年。

所以，直到今天他个人从未间断过帮助学习成绩好而家境贫穷的学生。其间，发生了这样的一件轶事……

2001年7月，在北京人民大会堂，林亮作为受嘉奖的来宾，被安排坐在写有自己名字的座位上。突然，有人在后面大喊“林先生——林先生”。他回过头去，太太也转过身。

后排一位素不相识的女士激动地冲上前握住他的手：

“林先生，可找到您了，我是河南省妇联的。”

林亮和太太互望了一眼，有点莫名其妙——河南省妇联？

“是这样……”妇联干部未松开林亮的手，仍然很激动地说：“您捐给中国妇联‘春蕾计划’的捐款，一部分转给我们一处山区了。我们那儿有个班共50个孩子都是您捐助的。”

哦，原来是这样。

妇联干部又说：“来京前，我们领导就嘱咐我，如果有机会遇到林先生您，一定替他们，替孩子们好好谢谢您。”

“不用谢，不用谢。”林亮一边掏出名片，一边询问，“孩子们学习都好吗？快毕业了吧？”

“都好，都好，他们有的升学，有的已出来工作

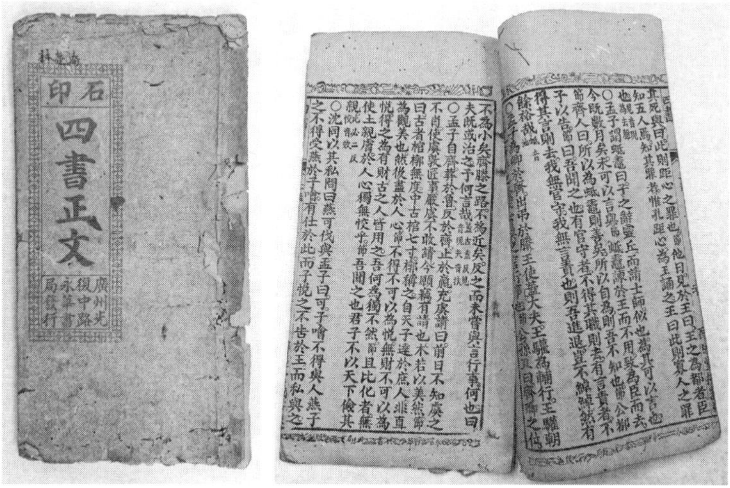

林母教七岁的林亮读“四书五经”

了……”散会后，林亮与女干部边走边谈了许多。

回到香港不久，林亮接到女干部寄来的附有全体受助学生签名的一封感谢信。

当年的四块钱，若换了今天，在麦当劳买不到半杯奶茶，却几乎令林亮辍学，差点儿断送了他的一生。

香港沦陷，年少丧父

学是继续上了，却好景不长，才三个月，战争爆发了。

1941年12月8日，那是林亮永远不会忘记的一天。

早上8点左右，他正在家中吃早餐。突然，一声巨响，震得手上的一碗饭都掉到地上，连大地都痛苦得抖动了一下。大家立即停止了手中的一切，面面相觑，不知发生了什么事。他跑出家门看个究竟，只见远处的半空飘起乌黑的烟雾。

街上传来异乎寻常的嘈杂声，只听有人喊着：“日本鬼子打进香港了！”正当大家半信半疑之时，远处又传来巨响。街上挤满了惊慌失措的人，尖叫声、哭喊声，乱成一团。

日本军队轰炸启德机场，这是向香港投下的第一颗炸弹，林亮亲眼目睹了这一刻。在亚洲电视《历史上的今天》这个节目里，仍然能看到当时的画面。

这一天是星期一，也是学校考试的第一天，林亮犹豫不决，不知如何是好。他还是想去上学。

安享天伦之乐的林先生母亲

当他借用老板家的电话接通学校时，校长在那边焦急地告诉他："打仗了，傻孩子，不会考试了。没有书可以念了，学校将会关门，你我以后都不知能不能再见面了呢。"临挂断电话前，又嘱咐他说："街上很乱，不要来学校，也不要到处乱跑，好好照顾家里人。"听完校长的话，林亮心乱如麻。

真是一语成谶，就从那天起，林亮再也没有见过他的校长。

战争爆发了！日军的炸弹，不但炸毁了香港人的家园，也炸碎了林亮的求学梦。

世事难料，祸不单行。1941年12月25日，英军宣布投降，而在一天前，即1941年12月24日，噩耗传来。

当天铜锣湾已开始戒严，但林父并不知情。事缘在前几天日军的空袭中，林父的耳膜被炸弹震穿了，所以他听不到任何消息。

回家的路上，一个日本兵喝令林父停步。因为耳聋，林父听不到任何声音，他毫无反应，继续前行。那个日本兵恼羞成怒，追上去，二话不说，丧心病狂地就朝他一刀刺去，毫无反抗力的林父顿时倒卧在血泊中。

黄昏来临，全家正焦急地等待林父回家吃饭，左等右等，仍等不到人，家里的气氛不安起来。虽然戒严，林亮仍然决定照父亲惯常走的路线去找。

路上行人寥寥，每人都神色凝重，脚步匆匆。暮色中，在加路连山道十字路口，林亮发现一个人影躺在血泊中，一动不动。他冲上前查看，想不到竟然是父亲！他大惊失色，父亲手脚冰冷，早已没有了心跳和呼吸。这一年，林父才48岁。

林亮抬起头，见远处仍站着一个端着刺刀的日军。那个日本兵对他叽哩呱啦乱叫，不知是在喊戒严令，还是让他搬走父亲的尸体。总之，他听不懂那个日本兵在叫什么。他不敢停留，也不敢冒险，急急跑回家报信。

恍如晴天霹雳，全家陷入无限的悲愤之中。那一夜，全家无眠，母亲更是不停地哭泣。她实在无法相信，早上还好端端地出门工作的丈夫，已阴阳两隔，从此再也不能相见，撇下她一个妇人和两个幼小的孩子，连句道别的话语都未曾留下……

太突然了，突然到让人难以相信；太意外了，意外到令人无法承受。

是夜，仍是全城戒严。刺刀上折射的白光，在夜色中透出冰冷的亮色，令人不寒而栗。好不容易熬到天亮，人们才敢外出。

翌日，在亲友们的帮助下，家里以平价买了一副棺木。林亮用木板车将父亲遗体送往坟场。哭肿了眼的母亲被乡亲们劝留在家中，照看妹妹。

一路上，到处可见平民百姓和军人的尸体，一具具，一排排，无人认领，暴晒在太阳下。

“那些加拿大士兵的脸孔，看上去非常年轻，最多20出头。”林亮回忆说。一场战争，令年轻的生命客死异乡，弃尸海外。

忍着丧父的悲痛安葬了父亲之后，林亮与其他人一起，用整整一天的时间，义务埋葬了100多名士兵。也因此，多年后有一个谜团，实至今日仍困惑着林亮……

大约在1949年，林亮意外地接到加拿大政府发来的一封函件，是那种规格正式并盖着钢印的表彰函。信中赞扬他在战争时期埋葬了加籍士兵的义举，同时请林亮指引坟场所在地（就是今天铜锣湾大球场当年的咖啡园），并诚恳邀请他加入加拿大国籍。

林亮回忆说，当时战况很乱，帮助埋葬尸体的不只有他一个，还有几个长生店件工及一些年轻人，但互相间谁也不认识。他也从未与人谈起过自己姓甚名谁，不晓得加国政府怎么会知道他的名字，而且还清楚他协助埋尸的事情。那封函件他现在的太太也看过，两人百思不得其解。

因为钟情香港，林亮当然很礼貌地谢绝了加国的好意，并保存了那封信，但因后来搬家，现在已找不到原件。

在清理父亲遗体时，他意外地发现了父亲藏在袜子里的200元现金。他将此珍重地交给了母亲。忍着痛，怀着恨，就这样告别了慈爱的父亲。

这一份少年时埋在心底的悲和恨，一直到后来与日本客户做生意时，都在隐隐作痛。父亲的离去，使全家顿失生活支柱，林亮义不容辞地挑起了养家的重担。华仁书院的优才生开始做起了小买卖！

每天林亮仍从铜锣湾步行到西营盘的德辅道西，用父亲留下的救命钱，去买些花生、芝麻糖、炼奶、沙丁鱼之类，拿回来在铜锣湾摆卖。一毛钱买来，卖一毛两分，转手赚微薄的利润补贴家用。相同的路，不同的目的地，以前是上学，现在是谋生。

生活变得异常艰难，艰难得十分具体——三张要吃饭的嘴，两个还正在发育时期。没有生活来源，怎么维持？每天要买米、买菜，哪怕是最便宜的米，最糟糕的菜。

炮火的轰炸、袭击，一直断断续续。在圣诞节前两天，铜锣湾停电断水了。这一停，就是八天。没电还能对付，但是没有水就惨了，怎么活？林亮到处去找水，到处找不到。

最后，他跑到天台顶楼，看到一大缸不知是谁洗完衣服的脏水，连同雨水，也不知放了多少天了。他犹豫了。可是要活命啊！实在没办法，全家就用那缸脏水洗菜、煮饭，直到饮用水恢复供应。

父亲离世后，仓库不能住下去了。悲伤的母亲亦一心想离开伤心地。1942年2月，母亲带着他和妹妹，举家返回故乡南海。

17岁的少年，用曾经握笔的手，握起了锄头，开始了日出而作，日落而息的农夫生活。三伏天，正是“锄禾日当午，汗滴禾下土”；严冬时，面朝黄土背朝天，赤脚踏入冰冷的稻田水里，施肥淋粪，不知“苦”字怎么写，“累”字怎么说。

此时短短几十字，便概括了那三年半的生活。其实，那段日子里，吃了多少苦，流了多少汗，又到哪里去找到希望，真是天晓得。

除了当农夫，他仍然学做小买卖。

夏天，早稻田收割后农闲时，母亲每天会煲好一大锅绿豆汤，让林亮带往路边的茶亭摆卖，每碗一个铜板。冬天，当大芥菜收割时，他到田里捡拾人家不要的芥菜根，拿回家加工。先过水去掉苦涩味，再切成条，用糖和醋腌几天，之后拿到市场去卖，一分钱一份。日子艰难地一天天煎熬着……

1945年8月，日本天皇宣布：向结成反法西斯阵线的同盟国无条件投降。中国内地和香港有了希望。

世纪笔记本

“穷则思变”是毛主席的一句名言。的确，20出头的林亮一直都不甘心在家乡当一个农夫。他年轻，充满活力，有头脑，有精力。他想靠自己来改变命运。

林亮十分孝顺，为了成全母亲的心愿，于1945年12月初结了婚。

第一任太太梁育吾是小康人家的女儿，有二亩地作为陪嫁。母亲也为儿子的婚事卖了一亩田，原计划摆20桌的宴席，因严重通货膨胀，最后仅摆了10桌算数。当年的钞票不是论张数，而是论捆数，一捆多少钱。一根油条，要用大叠钞票才买得到；米是用担子挑去的，钱也是一样，装在麻袋里，用担子挑。

1945年12月，婚后25天的林亮，为了改变命运，决定结束三年半的农夫生活，返香港谋生。他告别了新婚不到一个月的妻子，告别了母亲和妹妹，只身一人，踏上了前途未卜的路。

20世纪60年代的林亮与母亲

三个女人的不舍是一定的，无奈也是一定的。母亲心里很酸楚，林家唯一的男丁，这一走，不知何时再见。

如一位女作家在书中写道：这世界上所有的暂别，如果碰到乱世就是永别。明知如此，还是要走。所谓“人挪活、树挪死”，走出去，机会是一半一半，起码有50%的希望；不走，就同以前一样，日出而作，日落而息，当农夫了。后来的事实证明，这一步，走对了。

眼泪留不住下了决心的年轻人。全家唯一能做的，就是东拼西凑，勉强找出100元交到他手中，再用眼泪送他而去。

兵荒马乱的广州火车站，挤满成千上万逃难者。几乎每个人的心态都是一样的，到香港去，到外面去。香港的世界才精彩，外面的世界才富有。

如沙丁鱼般，在凄苦的人群中浸泡了整整一天一夜之后，林亮终于挤上了火车。人太多了，上了火车后仍要做沙丁鱼。林亮两脚不停地转换，又站了三个小时，火车走走停停，停停走走，才终于到了东莞，但原来的东江桥被炸断了。等修好，可以，最快也要一个月之后。

全车人没有一个愿意无止无休等下去的。林亮也不例外，随人群挤上小艇过到河对岸。待再坐上火车，临近深圳，火车又停了。又有桥被炸成两断，又要下车。这回，是要涉水过河了。

一路上颠颠簸簸，一路上提心吊胆。几经波折，才终于到了新界。人是到了，偌大的香港，哪里是他的落脚之地？一贫如洗的年轻人，又该怎样生存？

在亲戚的帮助下，林亮先去投靠了一位住在和合石的乡亲，为求两餐一宿，他去菜地工作，每天早上挑菜去石湖墟售卖，晚上借宿在蜗居。如此一个月之后，他找到了一份临时工作——在铜锣湾一间长生店打杂。

白天，他不仅帮忙卖棺材，还要兼当仵工。除了搬运尸体，还要先用一种黄皮叶清洗干净尸体，然后再将僵硬的死人放进棺材。虽然工作环境很差，但他没有选择的余地。

每次当仵工，他可以得到两元工资。但如果这天没生意，他的收入就是零。有时一连三天都无人光顾，毕竟不是独家生意，人们不一定要去他打工的那家店买棺材，也不一定天天有人死去。

夜晚，当店铺打烊，灯光熄灭，四周死一般的寂静时，剩下他一个人，躺在他的床位——新做成的尚未卖出的棺材。木板虽硬，可是不用付钱。害怕吗？当然，都说睡棺材不吉利，可没办法。没钱，什么害怕不害怕，什么吉利不吉利，根本顾不上。人穷，有什么理由挑三拣四？不睡棺材就得睡街上了。

只是，望着漆黑的天花板，有时也会在心里问自己：“我还要在棺材里睡多久？”他不甘心，一边打工，一边寻找下一个机会。

两个月后，他在神父的协助下，应试了三份工作。

第一份是当银行职员，月薪100元，这在当时已经很不错了。白领阶层，不用风吹日晒，服务对象非富即贵。聚会时谈起，朋友们都羡慕他。但林亮竟然拒绝了，他认为并不适合他，而且整天和数字打交道，太乏味了。

第二份是在新界军用机场当杂工，薪水亦是100元。当他发现那是在一个远离人烟的郊区，多见树木少见人，是跌断了腿都不会有第二个人救他的地方时，他又拒绝了。

第三份是当警察，薪水好一些，有120元。三份工作中，最让林亮动心的是当警察。一是薪水高，二是工作稳定，三是有免费制服，又很威风。面试合格了，考试亦通过了。对方通知他，翌日即可开工。

晚上，躺在棺材里，他翻来覆去睡不着。在这样动荡的年月，去当警察，万一有个什么三长两短，只留下三个女人，怎么办？这个林家唯一的男丁，越想越担心。翌日，他二话不说，将这份警察工作也推掉了。

几经折腾，从家里带来的100元早已花光了，可还未找到合适的工作。终于，有朋友介绍可以在中环报摊卖报纸杂志，但薪水很低，才60元一个月。朋友没有把握，试探着问他愿不愿意。

卖报？林亮听后，心头立即闪过一丝喜悦，不用花钱就有书看，这是他首先想到的。他看中的不是眼前利益——暂时薪水的多少。他想都未多想，便一口应承下来，且满心欢喜。

那是1946年3月16日，就在中区德辅道中，大华行楼下入口的新星书报摊。老板是潮州人，另一个人是负责杂务的阿才。1970年，阿才与林亮再见面时还是在弥敦道帝国酒店旁边横巷的一档书报摊当售货员。

同学再次聚会时，他的选择遭到了同学们的嘲笑：“才60元一个月，你都肯？”他不生气，笑而不语。而同学中有一位当上英商行大班的司机，穿制服，戴礼帽，每月150元。1984年，林亮已是三间工厂的老板时，那位同学仍是司机，直到退休。当年还有同学在嘉道理家族企业当文职人员，每月薪水250元。所有同学中，他的60元是最少的，但他并不介意，他不看眼前，他看的是将来。

林亮认为这是一个机会，可以免费学习知识，日后会助他抓住成功的机会。后来证明，他果然抓住了机会。他相信知识可以改变命运，再则他可以与各种各样的人打交道，借卖杂志认识客户。回忆当年，可以看出年轻时的他，已展现出敏锐

1937—1941年因战乱分散的同学再次重逢。左边第二位，就是当年拿月薪150港币当司机的同学，左边第五位是林亮。摄于1948年香港

的企业家嗅觉。正是这一点，让他日后成为香港最大的玩具制造商之一。

一直到今天，读书及交朋友依然是林亮的两大喜好。他仍然乐于结识不同的人，而这一点，为他个人带来转折性的改变，这是后话。今年93岁的他，每晚，必定要靠看书或读报才能入睡，仿佛游走在方块字里，才可令他忙碌一天的神经松弛下来，而唐诗宋词更是他床头的必备。

中环是商业中心，薪水虽然不理想，但他喜欢这份工作。凡没有兴趣的事，不想做也不愿做，即使勉强做了，也不会做好，这是一个很简单的道理。他认准了，就不会回头。

报摊老板是老俩口，既不懂英语又不去交际，他们需

要一个能干又有力气的小伙子。报纸很重，一叠叠，他不在乎。那时报纸还不是铅印的，是油墨涂上去的，一出汗就搞得脸上、手上、身上沾满墨迹，像唱戏的花脸。工作中他热诚待客，勤奋有加，对老板忠心耿耿。

杂志很沉，一摞摞，他不抱怨。每天在街头的风吹日晒雨淋中，送走一个个客人，又迎来一个个路人。

离开棺材铺后，林亮已无处可宿。在母亲的协助下，他寄居在跑马地一个远房亲戚家中，后来更替亲戚打工。实际上真正论起来，不算是亲戚，因为没有血缘渊源。

原来林亮父亲有位极要好的乡亲，亦姓林，两人是“砂煲兄弟”，一起外出打工。因此，林亮的母亲成为这位老乡女儿的契妈，契女后来结婚嫁到香港，住在跑马地。契女丈夫就是后来源兴行和永新的老板杨先生。

60元的微薄薪水，要吃饭，要交费，所剩无几。尽管如此，他仍能从省吃俭用中挤出20元寄回乡下，希望母亲、妻子和妹妹能生活好一些。

“省吃俭用”这四个字，写在纸上很容易，实行起来，是要靠意志才能坚持下去的。也难怪林亮身形一直瘦小，大概与他早年发育期的拮据生活有关。

第一个月发薪水时，林亮前所未有地去每天都路过、每天都只看不买的水果摊买了一斤柿子。这柿子他打算留一个给自己吃，其余的孝敬房东。

四年多了，自从父亲离世后，他就没吃过心爱的水果。经常有客人带着孩子来报摊，孩子手中会拿一个苹果，或一个梨，或一根香蕉。每逢此时，他会别过脸望去大街，不去想。

那天，他亦罕有地搭电车回家。车上的人不多，他将纸袋装的柿子放在他座位旁的空位上。心情欢悦的他，忍不住往车窗外多望了几眼。不想一个刚上车的男人，看也没看一眼，在他尚未回过神来的一瞬间，一屁股坐了下去。柿子即刻四分五裂，那人的裤子上、屁股上到处是碎柿子。

林亮心痛得眼泪顿时涌了出来。

有谁知道，他每天的日子是以“分”来计算的——今天用四角钱买了一斤柿子，花三分钱坐了电车。到下次发薪水之前，他都要从跑马地走到中环返工。放工时，要再从中环走回跑马地。不管他每天站着卖报有多累，也不管烈日当空或倾盆大雨，他必须这样，才能省出20元寄回乡下。那是真真正正计算每一分钱来过日子，恨不得掰成两半来用。现在一角钱掉在地上，还有人捡吗？

只有经历过那种苦涩的滋味，才会格外珍惜今日的甘甜。

所以，富裕之后的林亮并不在意别人的眼光和朋友的私语。他的节俭，已与钱财身家无关了，是习惯。他从不喜欢浪费，时至今日，仍打包吃不完的食物，经常坐电车，乘地铁。他有自己的生活模式，而他的模式不曾伤害任何人。

直至今天，他的现任太太才明白他为什么那么喜欢吃水果，即使是参加完婚宴回到家中已是半夜12点，都不例外。而水果中，又以柿子为最爱。

每天早起晚睡，每天辛勤工作，他瘦削的身影在中环街头忙碌着。

他的生意头脑，很早就显露出来。

从美国批发来的杂志是旧的，每款数量不一，像*LIFE*、*LOOK*什么的。热销的给得少，有时仅给三本，滞销的给得多，50至上百本。林亮向老板建议，好卖的杂志吊起来卖贵些，数量多的便宜点快些脱手，不占用资金。

有熟客预留杂志，就用一个中间价，既不是最贵，给熟客面子，又不算很平，为老板谋取利润。就这样积少成多，他为老板多赚了些钱。老板颇赏识他，他从来不求回报，唯一向老板要求的，是允许他每天能带杂志回家阅读，翌日再带回来卖掉，老板欣然应允。

林亮自小喜欢读书的习惯一直保持到今天。读书对他是一种享受，是一种难以形容的满足，也是他唯一的消遣。他可以长时间沉浸在无声无息的字里行间，在脑海里描绘出五彩缤纷的创业蓝图。书本除了教给他知识，还教他做人的道理。每天工作之余，他最大的兴趣就是阅读，而正是这一点，为他日后的成功奠定了扎实的基础。

有一次，他正写信给妻子时，被房东强制熄灯。信才写到一半，他不能理论，也无法理论，因为寄人篱下。他忍在心里，以“胯下之辱”的故事去化解事端，并以此作为激励自己的动力。

房东规定每晚9点准时熄灯，为节省电费，没有商量的余地，他唯有借助月光完成阅读，他的近视应与此有关。可逢阴雨天，他便一筹莫展了，只有恳求老板宽限归还杂志的时间。

先天的不足，从书本中自学得到后天的营养，不仅阅读，还苦学英文，他的知识水平因此大大提高。

每天中午，报摊老板给他一小时休息时间，他决定好好利用这一小时。20出头，正是精力充沛长身体的阶段，但为了省钱，省时间，每天中午，他都是以最快的速度去买一个最便宜的面包，几口吃掉之后，便跑去酒楼或茶馆寻找机会。

他健谈善谈，总是主动出击，向陌生人推销自己，开始似乎并不成功，无人欣赏。人们只是听着，敷衍地点点头便没有下文。几天过去，一无所获，林亮并不气馁，一如既往，推销他的口才。

那天，他破例没有去买三分钱一个的面包，而是去了茶楼。一张餐桌上已坐了两个人，他去搭讪，坐下后，他叫了三毛钱一碗的河粉，边吃边与人闲谈。那时镛记酒家的粥已是八毛钱一碗了。

在每一分钱都要计算的打工日子里，这是他很奢侈的一顿午餐，等于他平时六天的午餐花费，但为了结识更多的人，这种奢侈是必要的。而能在茶楼饮午茶的，都是经济上有实力的，他需要认识这类人。

年纪轻轻的他，那时就已经这样思考问题了。20出头的“三无”——无钱、无楼、无车年轻人，但也是“三有”——有能力、有信心、有勇气的年轻人。

“先生，您贵姓？”他礼貌地问。那人望他一眼，没理睬。

“先生，您是做什么生意的？”他不气馁，又问。

“我是做经纪的，您有什么要买或者要卖的吗？”他一脸的诚恳。

“哦？”另一人开腔了，“小伙子，我在铜锣湾渣斐道（今称谢斐道）有新楼要卖，一梯两户，两房单位，四层高。如果你有朋友买，我给你百分之二的佣金。”那人要么不说，一开口便讲了一大堆。

林亮赶紧把河粉推到一边，顾不上吃，掏出小本子，一一记下，包括联系电话，再谢过对方。

第二天，卖报卖杂志时，他向每一个客人推销这个楼盘，但没人理睬，没人欣赏。人们虽然听着，却敷衍地点点头，然后付了钱，取走报纸，转身离去，仅此而已。

“总会遇到买家的。”林亮在心里安慰自己，仍不止不休地向下一个客人介绍。

第一次见到那个客人时，林亮例行公事地介绍：“先生，我朋友有新房子要卖，你有没有打算买房子？”

“是吗？”客人拿了报纸并未走开，很认

1949年挣到钱之后，年轻的林亮立即去买了一件“飞机褛”扮靓

真地看了他一眼，问道，“在哪里？”

“渣斐道，四层高……”他如此这般地介绍一番。

“好啊！”客人说，“可以去看看吗？”

“当然。”他又掏出小本子，飞快记下电话等所需资料。然后联系卖方，放工后带客人去看房子。

就这样，通过牵线搭桥，没想到，这第一笔生意居然成交了。后来，他才知晓，他这第一桶金的买家，竟然是赫赫有名的保济丸老板李先生。

终于，守得云开，他如期收到800元佣金，林亮开心到不能自已。这是他自出生以来全凭自己第一次赚到这么多钱。

1964年末，林亮做经纪后买了第一套西装，立即去照相馆与照相馆老板父子合影留念

800元，比他打工一年的工资还要多出80元。

晚上，回到借住的小屋，他仍兴奋不已。他将那些钱掏出来，看了又看，数了又数，仍不敢相信。

“真好似发梦。”多年后回忆当时的情景，他仍深有感触。

他决定将这笔钱存起来。

翌日，他就去汇丰银行开了个人储蓄户口。也因此，他是汇丰早期的忠实老客户，那一年是1946年。在1960年，他有了自己的公司后，仍然是在汇丰开了第一个公司户口，他与汇丰至今都保持着良好的关系。

这次，他又去那家水果摊买了一斤柿子。不同的是，这次他没有乘车，尽管现在他有几百元的存款了。他小心翼翼地提着那斤柿子，一步一步用40分钟从中环走回跑马地，他仍是照自己第一次计划的，留一个给自己，其余的孝敬房东。

这成功的第一步，大大增加了他的自信心。他更努力，更勤快了。每天除了卖报、派报，还兼职做经纪，乐此不疲，全心全意。

至今他还保留着那本从1946年就开始使用的破旧笔记簿，这本笔记簿完全有资格进历史博物馆了。笔记簿上写着“奶粉60箱，每箱24罐，46元”“矿油400桶，每桶140元，美国产”“铜锣湾X街三房，厕，家私，一万元”“梳化（沙发）床，麻雀台，唱机……”化妆品、工业原料、牙膏、奶粉、消毒液DETTOL、汽车等。小簿子里包罗万象，见证了香港从衰落到繁荣的历史，也记录了他在生活中学习，又通过学习走向成功的喜悦。

林亮1946年时的笔记本，保存了半个多世纪，至今仍在

他什么都做，什么都试。越试越有劲，越做越有经验，但他仍然省吃俭用。当了解游戏规则后，他越学越精，可以用面包价去茶楼交友。怎么讲？即他仍然先去买一个面包充饥，之后再去茶楼搭讪找人。

他容易与人熟络的性格使得他与搭台客很快有倾谈，这令茶楼伙计以为他是他们的一员。他可以不用再付三角钱买河粉，仅饮杯免费茶就达到他想认识人的目的了。当年茶楼不多，最常去的是莲香和高升，来来回回也算是熟面孔了。

他不耻下问，热情诚恳的态度令他的社交圈子越交越广，这个穷小子居然也交上了一些富贵朋友，认识了几个大人物。他每个月都能做成几单生意，数目不大，但积少成多。

一年后，他总结了一下，不算薪水，单单当经纪的佣金就净赚了3000多元。20世纪40年代的3000多元意味着什么？在当年都算是一笔不少的钱了。对他，更是全部身家的代名词。他小心珍藏着他来之不易的财富，在每次成交后，频繁地出入汇丰银行。

凭着真诚、热情的态度，他通过卖杂志的便利条件，结识了各行各业的人，有的更是他的熟客。他性格开朗，喜欢与人攀谈，又敢于尝试新事物，用他自己的话来说，就是“胆大心细脸皮厚”，才能广交朋友。许多都与他保持着长达半世纪的交情。

1948年，有客人经常请林亮去镛记酒家吃烧鹅濑粉，他因此认识了镛记的创办人甘穗辉先生，后来更与他结成朋友。

每天博览群书，令林亮眼界大开，就是在这种海绵式读书的贪婪中，一个个新鲜耀眼的词句，蹦跳在他眼前。书是无声的老师，带领他一步步走向他从前不曾认识的领域。

发现舶来品“地雷”的秘密

第二次世界大战结束不久，美国成为世界潮流的源头和领头羊。来自美国的书报杂志，是一盏盏指路明灯，上面所登载的都是最新的知识。

一天，林亮从一本英文杂志上第一次看到“plastic”——塑胶这个名词，图文并茂的彩色照片，吸引了他的注意力。

这不过是一个英文单词，肯定不只林亮一个人看过，但就是这个工业原料的名称，却给予善于思考的他改变自己命运的启发。这想法后来发展成他的ideology——意识形态，他饶有兴趣地研究起来。

他硬是从微薄的工资中省钱，日积月累，买了一本又一本关于“塑胶”的英文原著，而且格外留意书中有关塑胶原料的用途、价格等的介绍。

都说成功是留给有准备的人的，这话在林亮身上有了应验。

一天，一艘美国货轮停靠在香港，翌日一大早，林亮就在报刊上读到了这则消息。装卸工人从货轮上卸下了成百上千个箱子。箱子里装着什么？没有人知道。它吸引了全城人的好奇心，也成了当时全城最热闹的话题。

第二天，货品变成商品，摆上了柜台——那是从书刊杂志上读到却未曾见过的五颜六色、轻巧新颖的塑胶日用品。国外的先行者将塑胶加入各种颜色，令各类产品变得更加光彩美丽。

林亮当时用一副对联形容那七彩缤纷的新产品——“鹅黄鸭绿鸡冠紫，鹭白鸦青鹤顶红”，十分生动形象。

消息如长了翅膀一样飞出去，第二天，商店门前立刻出现了人龙，雀跃不已的人群将商店围得水泄不通。

人群中当然没有林亮，但是，他从报纸上看到并注意到琳琅满目的舶来品中有两样货品非常滘市：一是男装透明腰带，也称为“玻璃裤带”，是著名的美国老品牌HICKOCK的产品。那是一条很特别、很漂亮的腰带，成透明状，以聚苯乙烯为主要原料，每条售价为240港币。

1946年，240港币可以买到什么？让我们摘抄当年2月6日《工商日报》的报价——片糖每担105港币，幼砂糖每担170港币，丝苗米每担67港币，猪肉每担245港币。林亮计算过，他要打四个月的工，还要不吃不喝不住，才刚够买一条塑料腰带。

第二件畅销品是原子笔，也称“走珠笔”，每支100港币。

当年谁要是拥有这两样象征身份的东西，一定羡煞旁人。尽管很贵，还是卖断市。

林亮从报上得知，这两样东西一上市，便被蜂拥的人们一抢而光，这给他留下了深刻印象。

他细心琢磨后，将目光从报纸移向现实，发现了一个公开的秘密——腰带、原子笔这两样东西，都是由塑胶制成的。而塑胶这个神奇的字眼正是他在卖报刊杂志时读到的“plastic”。这个吻合大大地刺激了他，他兴奋起来。

第二次世界大战后，能源的需求大增，刺激了化学工业，特别是石油工业的发展。石油副产品——塑胶原料的生产，为日用工业提供了价廉、质优、漂亮和用途广的商机。而第二次大战的烽火，没有烧到美洲。美国在大战后经济稳定，社会生产力持续提高，不断生产出一批批新颖的物资销向全世界。来自海外尤其是美国的舶来品，对闭塞了多年的香港人来说，是极为新鲜的。

很快，他听说两个潮州人也同他一样，发现了这个“秘密”，也看出了这个共同点。但他们并不只停留在想和看的阶段，而是脑筋灵活地付诸实践。凑钱买了原料，还快速地仿制了一批透明腰带，并成功出售发了一笔大财。

林亮从众多相关的例子中发现，社会对塑胶制品有着大量的需求。塑胶行业可能会迅速发展成为一门很有前途的事业。

书本上的知识是提示他的启蒙老师，舶来品的现实价值则强化了他的认知。

战后的香港，百废待兴。被侵占过的国家和地区到处都弥漫着一片死气沉沉的灰暗景象——残垣断壁，满目疮痍，家破人亡，妻离子散……不仅香港，全世界都有待从战争的创伤中恢复过来。

如果能让这个灰灰暗暗的世界多一些五彩缤纷的色彩，给人们带来一点欢乐，不是很好吗？就从那时起，他萌发了想从事塑胶生意的念头。

想是可以随便想的，哪个年轻人不胸怀大志？但要实现理想，就没有那么容易了。最关键的是资金。想创业，钱从哪儿来？虽然有了3000元的储蓄，但那远远不够啊！何况那是他的全部身家，是不可以动用的。

每天的耳濡目染，每次杂志中大量篇幅的介绍，让“plastic”像一块磁石，吸引着林亮的目光，吸引着他的心。他不断地调整自己的重心，每每又都是朝着“plastic”倾斜过去。

1946年底，林亮最终按捺不住，辞去了报摊的工作，去了一家化工原料公司当文员，每月薪水100元。老板就是他寄居跑马地的房东，这家公司就是香港的老字号——源兴行，是英国卜内门洋行（Imperial Chemical Industries，简称ICI）的代理商。到公司不久他就向老板提议兼营塑胶原料，第一种就是亚加力塑胶板“perspex”。

从选择当卖报杂工的那天起，林亮就没打算一辈子卖报。在那动荡不安的年代里，任何人，任何一个小小的选择，都可能因此固定了一个人的后半生。如果当初林亮没有选择卖报刊，而是去了银行，或者当了警察，也就没有了后来的“小黄鸭之父”了。毫不夸张地说，香港的玩具史也将会被改写。

启发林亮创业的塑胶书

文员工作繁重而杂碎，不似以前卖报刊那样单纯，整天要跑银行、去邮局，又要抄抄写写，接听电话……而且读书阅报也不如从前方便，但实践的机会大大增加了。

在工作中，林亮发现自己的英文表达很吃力，经常听不懂。一天，一个卜内门洋行的英籍主管打电话来洽谈，交谈全用英语，他半听半猜，还是没有弄懂。怎么向老板交代呢？

幸好源兴行在中区华人行，而卜内门洋行在太子行，相隔不过几分钟路程。放下电话，他灵机一动，干脆一路小跑过去，找到对方，气喘吁吁地自我表白道：“先生，对不起，刚才你的电话，我听得不太明白，可以再讲一次吗？”边说边拿出一个小本子。

洋人见这个毛头小伙子如此谦虚认真，很受感动，马上不厌其烦地一句句慢慢地解释给他听。临分手，洋人还送上一句："年轻人，以后不懂什么你就来找我好了。"林亮捧着小本子，如获至宝，又赶紧跑回店里去了。

这位英国人叫Peter Farquerson，这次小小的际遇，令Peter对林亮另眼相看。他很欣赏林亮这种虚心求教的学习精神，两人从此结为好友。五年后，Peter被调离香港，但一直与林亮互通书信近半个世纪。他结婚时，还给林亮寄来照片。

1998年，Peter病重入院，当他太太告诉林亮后，林亮专程飞英国去医院探望他。病榻上，Peter感动地握住林亮的手，已说不出话来。52年前，一个是洋买办高层主管，一个是初出茅庐的打工仔，此时此刻，却是以这种情景重逢，那场面的确令人无比伤感和唏嘘。

在林亮回港后第四天，Peter撒手人寰。此后，每年圣诞节，林亮仍收到Peter遗孀寄来的贺卡，友谊保持至今。

林亮的英语就是这样学来的，他的小本子里记满了英文单句、难词。用他自己的话说："要想学到什么，脸皮一定要厚。不敢开口，不好意思，是学不到东西的，人家怎知你不懂？"一直到现在，林亮的英语水平仍相当好，这全赖他当年勤奋的自修，这其中的艰辛与付出只有他自己知道。在他这个年龄层，尤其是以加工业为起点的制造业，有不少行家一辈子都不识一个英文字母，他是少数能操流利英语的老人家。

他的好学精神及敢于尝试的勇气，为他的玩具王国打下

Peter先生与夫人、儿子在香港

了坚实的基础。流利的英文口语不仅为他日后异国考察奠定了基础，出国不用带翻译更节省了开支，同时还为他日后谈判，在争取订单时讨价还价增加了筹码。此外，在涉及某些需要保密的重大决策中，他可以与对方的最高决策人直接面对面商谈。

在源兴行打工的日子里，虽然读书看报的机会没以前方便了，但林亮从未放弃一切可以学习的机会。源兴行的主要业务是代客买卖化工材料，从国外进口原装的全新塑片或原料，再卖给订货的客户，零售兼批发。老板很信任他，让他负责收账的工作，可谓知人善用。

敢言敢谈的他，在为源兴行四处推销塑胶原料的同时，

因英语流利，2007年林先生受邀在美国康奈尔大学做“在中国投资为美国加工玩具互惠互利”的主题演讲

也有意识地广交朋友。一方面，这有利于他兼职的经纪生意；另一方面，他从中学习他们成功的秘诀，一举两得。

那时正值战后不久，一切都是刚刚起步，遍地都是机会，所以他既认识当今的香港玩具协会主席丁炜章的爷爷丁熊照先生，也认识他的父亲丁鹤寿先生及他的叔叔丁午寿先生。

丁熊照先生是香港塑胶与玩具制造业的元老之一，他来自上海。1948年他在北角买下地皮，是开达实业有限公司（Kader Industrial Company Ltd.）的创办人。

身为打工仔，林亮以他“诚、信、勤”的做人准则，赢得了老板的信任，也赢得了客户的青睐。经常他一句话或一个电话，就可以促成一单生意，老板不得不对他另眼相看，但这看似得来全不费功夫的生意实际上大有文章。

林亮善于交际，待人诚实，不怕吃亏。那时做生意常以一个信字为基础，赊账是家常便饭，收到的支票多是期票。有时客户在兑现期票时仍手紧，林亮为留住客户，会主动帮客户向老板求情，甚至帮客户垫支。而自掏腰包请客户饮茶或买小礼物更是常事。一直到最后，林亮的抽屉内仍有多张单据未交公司对数。

对待客人坦诚、谦虚、热情和肯于吃亏的个性，使林亮得到客户的信任，更使他与许多客户变成挚友。虽然他为公司做过多单大生意，但老板从来都是口头派，无任何实惠和分红。好在他自己结交了许多朋友，有些还是大人物。其中一位，最初只是来买原料的客户，由于他的办公室就在源兴行隔壁，两人渐渐熟络起来，变成了朋友。林亮也未料到，12年后，这位朋友竟成为他一生中难忘的贵人。

在他的客户群中，也有不少同行。虽然有句话说“同行如冤家”，但在林亮看来，“冤家”也可以成为朋友。

叶仲午先生是香港玩具业的知名人士，亦是环球国际集团的董事长，当年与林亮是竞争对手。“推销塑胶原料本来极具竞争性，而ICI（清洁消毒液‘滴露DETTOL’亦是旗下品牌）是一个大品牌，拥有广泛的销售网络。”叶先生回忆说：“所以我总能碰到林亮，香港太小了。”他是在1954年经丁熊照先生推荐，当上了美国玩具大王马克斯设在香港的分公司的经理。他年轻有为，精通多种语言，被马克斯一

林先生与朋友在一起

眼看中。

年轻时他也是懵懵懂懂走进玩具行业的，当时在九龙开设一家规模很小的洋娃娃服装店。原先是想兼职替马克斯打这份工，殊不知一脚踏进来，就再也没有迈出去。

叶先生被马克斯招入麾下全面负责管理香港的业务，代他在香港招工聘任，看厂投地，事无巨细，一直跟了马克斯八年后，才自立门户。叶先生独立后赚了不少钱，后来竟收购了英国著名品牌“MATCH BOX”合金玩具车生产商，成为收购外国品牌的香港玩具商第一人。

叶先生非常崇拜马克斯：“是‘玩具大王’发现了香

港，他是第一个想到从这里买玩具的人。”但叶先生觉得，在一个人说了算的组织里，自己的发展空间十分有限，这是他辞职独立的重要原因。

看来这是个通病，林亮后来也因此与他原来的老板分道扬镳了。

70年后的今天，当林亮和叶仲午也成为“90后”——两人如今都是超过90岁高龄的老人了，当年的竞争对手，仍能坐在同一张桌前打麻将。遗憾的是，叶先生中风后留有后遗症，现在只能用一只手慢慢与老友“攻打四方城”。

一天，林亮无意中在卖货时听到客户的对话，得知老板一个远在上海的客户，就是从他们这个店购进原料，之后再加工制作原子笔出售，赚得盘满钵满。那家公司因此迅速发展，从小打小闹的小工厂变成大名鼎鼎的洋买办公司。

真是说者无意，听者有心，林亮怦然心动。他在心里盘算，一磅胶粒卖出去是一块三，但制成原子笔后，加上一支笔芯，批发价可以达到几块钱一支，零售价一二十元一支。虽卖不到进口名牌100元一支，但利润也很高呢。

“为什么我们不开个工厂呢？”有一天，他终于忍不住这样对老板建议。

老板望着他：“怎样开？”

于是，林亮将自己关注和观察市场的心得，一一分析给老板听。最后他总结道：“化工原料的生意固然不错，但更应该用塑胶原料做色彩斑斓鲜艳亮丽的产品。一方面给社会增加缤纷夺目的色彩，另一方面也可以提高自己的利润。再说，别人都能做，为什么我们不能做？”

老板其实也早已对塑料“plastic”一词有所耳闻，有钱赚谁不想赚？只是一无经验，二无技术，三无人才。毫无头绪的老板只是一个劲望着林亮，反复问一句话：“怎么做？”

林亮怔了一下，他自己也是“三无”。确切地说，是“四无”人——他还无钱。他能告诉老板的是：“外国杂志上有卖这种机器的广告。”

老板十分欣赏他的敢想敢为，亦赞成他的观点。认真研究后，老板认为可行，拍板投资设厂，并委任林亮为助理，每月薪水升至150元，同时还雇了四名技工交他指挥。

带着理想和热情，他兴致勃勃地干了起来。

林亮提议为工厂起名为“永新塑胶厂”，英文为WINSOME。老板问他为什么起这个名，他直率地回答说：“永新喻意要永远追求新潮流，历久常新。‘WIN’是赢，‘SOME’是一些，小赢就可以了，别太贪心。”

一切都是按照他的想法和意愿，老板出资，他出力。在港岛轩尼诗道93号，租了一间带阁楼的店铺。那里，是他的发源地。那一年，他23岁，是个有头脑、有精力的小伙子。老板作为法人代表，主动承诺若工厂成功将分给他10%红股。老板的口头承诺，哄得林亮心花怒放。只是这红股直到今天也未兑现。

1947年中的一天，永新塑胶厂在林亮的构思与同伴们的实干中，开张了。设厂初期，百事缠身。林亮把这个厂完全当成自己的家，起早贪黑地忙碌。他让太太从乡下来住了一个多月当帮手，指挥四个工人，一步一个脚印，用手，用脚，用汗水，用心血，每天工作十五六个小时，吃住都在工厂的小阁楼上，为永新塑胶厂付出自己的青春年华。

单纯的年轻人只顾耕耘，不论收获；只有理想，不懂世故。他一边苦干，一边期待着成功。

工厂是办起来了，但是先做什么呢？五个人都是外行，都是新手。林亮虽身为助理，但也是两无助理——既无经验，又无技术，有的只是一分热忱和两分勇气。初出茅庐的他，一切都是摸着石头过河。在大家讨论做什么产品时，四个工人不约而同将目光一齐投向林亮，谁让他是领头羊！尽管林亮与他们一样，同是白纸一张，但是，林亮已意识到，面对大家的信赖，面对这个未知的领域，要由他来执笔画这幅画了。自己的肩上不仅仅挑着家庭这个担子，另一副担子更重，责任更大，摆在面前的一切已无退路。即使满地荆棘，抬起了脚无处落，也要摸索着一步步向前走去。

林亮决定从最简单、最容易的开始——相框是永新的第一种产品。

首先，照杂志中所介绍的买了一部风车锯，再将进口的膜板（约3ft × 4ft），按所需尺寸，用风车锯锯成一片片，打磨毛边，加上厚纸皮做背板，最后用胶水粘合，制成相框。再用同一工序，将纸皮背板换上一块玻璃镜片，便成为有胶框的镜子。

设备虽然简单，制作却不马虎，每一步都是人工完成。一切都很原始，条件亦极其简陋。

炎夏，一身臭汗；冬天，一身笨重。林亮不曾想到，但历史不会忘记，他和他的同伴们，就是这样凭着自己的双手，无师自通地成为香港塑胶工业的开拓者之一。

相框做好了，就摆在自家店铺售卖——前店后厂，自创自制，自产自销，不假手于人，成本低，回报快。几分、几毛钱的产品，可以有N倍的利润，而且供不应求，很快就卖光了。

战后人们对新产品十分渴求，当时还没有竞争对手，几乎是独家经营，生意一帆风顺。随着时代发展，人们需求增加，产品开始逐渐多元化——学生尺、伞柄、皂盒、头梳、镜框等，日用品日益增多。

产品越来越多，生意越来越红火。永新开始乘势扩展，用胶片制作各种招牌，小到餐牌，大到广告灯箱，且越做名声越响，连赫赫有名的化妆品——伊丽莎白·雅顿（Elizabeth Arden）都主动前来叩门。

永新的第一笔大生意是为伊丽莎白·雅顿化妆品柜台制作广告板，耀眼的粉红色恰好与雅顿的主色一模一样，衬托得伊丽莎白·雅顿越发高贵、亮丽。客户高兴，老板放心，永新因此赚到第一桶金。

年轻的林亮一直全心全意用自己的聪明才干为老板赚钱，同时，他也在体会着这个社会给他的人生阅历。

繁重的工作，不歇的劳碌，辛勤的付出，工厂成功了，为老板换回井喷式的可观利润。但遗憾的是，老板曾经答应给他的10%红股，一直到60多年后的今天，当年20多岁的小伙子如今已经是白发苍苍的太公了，一分钱都未兑现过。

说他不介意，那不是真的。想当初，他也不是为了那份红股才如此投入的，他不是那种人。说他憨也好，傻也好，所谓“过去的，就让它过去吧”。那一切都不再重要，重要的是他曾经有过一个可以施展拳脚的天地，一个可以实现理想的场所。

若干年后，他终于自己当了老板，一直到今天亦是如此——他非常善待他的员工，不论是老臣子还是新员工。

自己是从学徒工一步一步熬到今天的，他对基层员工，不论是技工、保安、司机及家中的用人，都一视同仁。他平易近人，从无架子，尊重对方，使得众多同行和下属，都经常随意拍他的肩膀，称他为“亮哥”或“亮仔”，而不是叫老板。

林亮先生与小黄鸭

他从不乱夸海口，公平、合理、大度、严守承诺，从不失德于人。“应承了就要兑现，付出了就应有回报。”他如是说。

公司里从一而终跟了他几十年的员工，大有人在。有人从18岁入厂一直到婆婆级退休；有人从建厂开始直到病逝，子女一辈又入了公司。员工追随他，他也依靠员工。从工作中学习，从学习中实践，从实践中成功，又从成功中尝到乐趣。

尽管老板“又要马儿好，又要马儿不吃草”，林亮并不后悔。毕竟他在初战告捷的摸索中积累了实践的经验。这一点，为他日后的成功奠定了良好基础。

看到塑胶如此流行，产品如此抢手，自己微薄的薪水与高额利润带来的反差如此巨大，他心里的天平开始倾斜了。怀孕的妻子，忙碌的工厂，两副担子的重量压得他有点喘不过气来。既然一年四季辛辛苦苦都为他人作嫁衣裳，何不自己当老板呢？

年轻人的心，激动而不安分起来，他开始有了“野心”。打工，永远不是他理想列车的目的地，打工仔的生活，也不是他想要的未来。

这期间，他悄悄找来一个能做塑料腰带的朋友，之后，又找到一个会做腰带扣的技工。他将两者联系起来，从中抽回佣。成本不到三元的塑料腰带，虽然每条卖不到HICKOCK那种名牌240元的高价，但也可以卖到20元，甚至更多。这三赢的局面，更加速燃烧他自己创业的愿望。

他决定动用汇丰银行那笔唯一的存款来实现自己的梦想。可下定决心之后，他又犹豫了。

虽然老板不够疏爽，他却不能不逆来顺受。寄人篱下的滋味不好受。但是，他视老板为恩人，所谓“滴水之恩，当涌泉相报”。如果在香港开厂，等于和老板唱对台戏，他于心不忍；不开吧，他又不甘心。

第二次世界大战前，香港没有什么有规模的工厂。战后初期，仅有少数作坊式小工厂，且全用人手操作。玩具是奢侈品，当年大部分玩具都是日本制造，主要原料是赛璐珞（Celluloid），尚未采用聚苯乙烯等塑胶原料。此外，玩具大多使用木、泥、纸皮和铁皮等材料制成，其中又以铁皮玩具较盛行，这是因为军队丢弃大量铁质的罐头壳和弹壳造成的。大量玩具车、火车和卡车的身影上，仍然能依稀看出旧日牛肉罐头、罐装可口可乐盒的痕迹。

赛璐珞属易燃品，质地脆弱，故做出的玩具很容易破碎燃烧，非常危险。破碎的玩具易割伤儿童，引起了家长的担心和愤怒。

塑胶日用品当时是主角，小朋友喜爱的碗、匙、筷子、小梳子、发夹等，成人用的肥皂盒、相框、衣架、脸盆、梳子、纽扣、发夹等等，火红火绿地登台，上演得煞是热闹。由于启动成本低，劳动力充足，众多家庭式的塑料小工厂如雨后春笋般冒出来，涌入新兴的塑料制造业。一直到20世纪70年代，这些小作坊至少包办了香港60%的塑料用品。

在这里要提一句的是，在众多以生产塑胶用品起家的香港人中，有两个最为著名，一个是潮州人李嘉诚，现任长江和记实业有限公司董事局及长江实业地产有限公司董事局主席。当年由他一手创立的长江实业集团有限公司，从生产塑料日用品、玩具和假花的小工厂，蜕变成为领先的房地产开发商。另一位是汕头人蔡志明，他是世界最大的玩具制造商之一，旭日国际集团有限公司董事长。两人都上了福布斯全球富豪榜。

几经踌躇，林亮终于想到一个两全其美的好办法——远望神州，将工厂开到内地去。一是避免同老板打擂台，二是内地人多，需求大。具有敏锐触觉的他认为，内地将会是一个大市场。

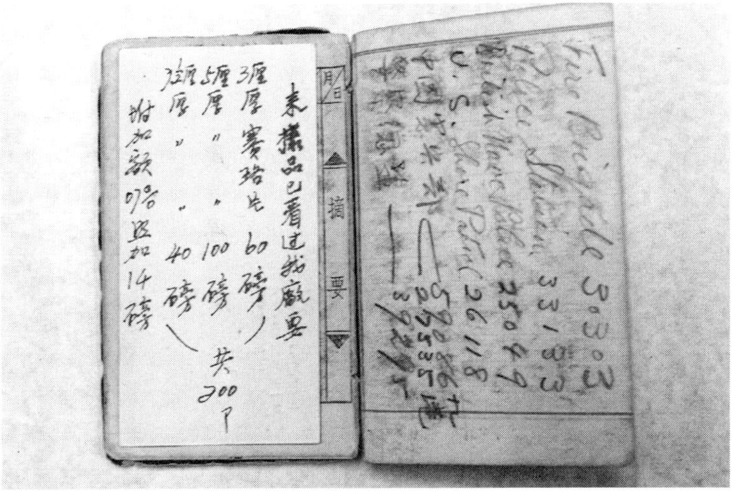

林亮当年搜集的原材料价格资料

经典小黄鸭的浮出

1948年，是中华人民共和国成立前一年，内战尚未结束，当时没有人知道仗还要打多久才告终结。不少富商巨贾都纷纷变卖了内地的资产，转移来香港。

林亮却在这时反其道而行，颇有“初生牛犊不怕虎”的冲劲。明知道押下的这一注要冒险，但“不入虎穴，焉得虎子”，他仍决定放胆一搏。

他找到两位志同道合的友人各人出资5000元，于1949年初在广州开设了“利民塑胶胶木制品工厂”。

创办“利民”时，当年所有的文件、公司章程、租铺合约、宣传单张和员工合照，都保存至今。其中有一张字据是这样写的：“以一亿元兑换80担丝苗米作为开业的注册资本”。那年月，钞票不值钱，粮食才珍贵。

“我相信，我应该是国内第一个做塑胶玩具的人。”林亮自信地说。

真正“90后”李楚洳小姐与林亮经典小黄鸭“PonP”作品，此图曾在法国巴黎卢浮宫展出

利民塑胶厂的宣传单

当时拥有近百人的工厂算是颇具规模了，“利民”沿用的是“永新”的模式。友人负责开发压塑技术（Injection Moulding），林亮找老同学陈伯玉替自己与另外两位股东共同打理，自己仍在“源兴行”及“永新”打工，逢周末和假日，他才乘车北上帮手。

同样的前店后厂，同样的自创自制，自产自销。不一样的地域——一个在中国香港，一个在中国内地。“利民”也做了一套小黄鸭模具生产浮水鸭，与香港制作的一模一样，后来被公认为内地制造的第一件塑胶玩具。

每当颜色鲜艳，款式新颖，携带方便的产品一摆上台，便很快卖光。不论化妆镜、饭碗、小勺、哨子还是发夹，每款都十分畅销，林亮喜出望外。一如林亮所料，“利民”旗开得胜，生意红红火火。

1949年1月，林亮夫妇的第一个爱情结晶——女儿Linda出生了。

真是双喜临门。

短短两年时间，不论“永新”还是“利民”，双双报捷，以至于“永新”职员中，很快有人辞工，另起炉灶了。

林亮没有辜负众人的期望，他用自己的智慧和能力，在

林先生母亲、林先生第一任夫人与林先生女儿Linda

中港两地画出一幅五颜六色的缤纷画面。关于广州开工厂一事，林亮并未打算隐瞒，令他头痛的是不知道该怎样对老板说，在什么时候说，如何说。

他已做好了充分的心理准备，一旦老板知道后不高兴，也不会跟老板闹翻，大不了辞职就是了。

那天林亮照常上班，看见老板，便主动将有关在广州开厂的事，一五一十地告诉了他。说完之后，他静待暴风雨的来临。令林亮大感意外的是，老板听他说完，不但没有发火，反而询问他："我可不可以入股？"

"什么，你……"林亮一脸惊讶，"你……要入股？"他以为自己听错了。

"是的，我想参与，没错。"老板当然精明，他看好这个初起的行业，更看准林亮这个人。

"老板，你……真想入股？"再问一遍，答案依旧，林亮顿时由惊变喜。

最终，经与友人商议，令老板占四分之一的股份。

此后，林亮并未因为自己拥有"利民"而忽略"永新"，反而更加努力，更加勤奋。

永新的业务平稳向前发展，但林亮并未满足目前生产日用品不错的现状，脑子里仍不停思索——战争停止了，孩子们应拥有自己的欢乐，自己的玩具，不要再像他们这一代及上一代那样，从不知玩具为何物。童年时仅仅用木块、竹枝、石头、牛尾骨、蜗牛壳、纸皮和田螺壳等替代玩具。林亮经常引用乡间的童谣"门前磨蚬壳，巷口拨泥沙"，说起当时乡下仔的玩意。

还是从杂志中得到的知识，林亮知道美国有压铸机，可以用来制造玩具，但造什么玩具呢？这打头炮的第一件产品着实让林亮费了一番脑筋。

他到玩具小店去浏览，寻找他的灵感。店铺里摆有许多玩具——洋娃娃、不倒翁、大象、小鸡、小鸭、鱼、羊、狗、猫等等，90%都是日本生产的。摸摸这个，看看那个，他拿不定主意。

他清楚记得，约七岁时——正是1931年日本侵略东三省那年，他曾天真地问过妈妈，为什么玩具都是从日本来的？妈妈告诉他，因为日本有钱，他们有能力制造玩具，出售之后用赚回来的钱，再造飞机大炮杀害中国人。

“哼，等我长大了，我也要造玩具，不让别人总买日本人的玩具。”他幼稚地说。

“好啊！”母亲慈爱地望着他说，“你还小，现在好好用功读书，等学到本领，长大以后做你自己想做的事。”

到他17岁那年，等来的却是父亲被日本人杀害的噩耗。而造玩具的理想，依旧是在梦中。但此刻，那梦已不再是梦，而是现实，而且，就握在他手中。

他低下头，看到自己手里正握着一只日本制造的小鸭子，只是，那小鸭的颜色很特别，是绿色的。他灵光一闪，对，就做小鸭子。鸭子很常见，早已被人熟悉，又与人们的日常生活联系密切。它笨拙的行走姿势亦正是它可爱之处，它比猫、狗、鱼什么的更优越，是两栖动物，可在地上走，也可在水中游。主意一定，他立即付钱买下一只绿色小鸭。他下定了决心！

种子，是幼年时埋下的国恨；胚芽，是少年时冒出的家仇；而幼苗，是心中多年的理想在青年时的破土而出。这棵幼苗生长在贫瘠的土地，缺乏营养，却不缺少阳光，初生之犊心底深处的倔强，是想挑战强势老虎的潜意识。

明知一切都处在劣势——技术不如日本（其实根本无技术可言），设备不如日本（什么设备也没有），经验不如日本（零经验），但是他还是想试，想拼。难怪不会唱歌的他，最喜欢听的一首歌是《爱拼才会赢》。

但是有一点不能忽略，“三无”青年的抱负、热情和干劲，大大高于对手几倍，几十倍。正是这种动力，推动他勇往直前。

第一次世界大战期间，日本已成为主要玩具出口国。玩具生产已成了日本国民经济的重要组成部分。1948年日本的玩具出口收入为3.22亿日元，1949年增长了两倍多，达10亿日元，而到1955年竟多达80亿日元。

后来林亮又转了几个小店，他发现绿色的玩具似乎并不受母亲和孩子欢迎，尤其在欧美国家，而这一点又被他在杂志中找到的有关报道印证。他决定用塑胶原料做黄色小鸭子，此举受启发于他以前关注过的原子笔和塑胶腰带。

生产这件玩具用的是一部半安士（也叫盎司，约14g）重的塑胶铸模机，要人工操作。先把模具锁紧，然后将用电力溶解了的塑胶颗粒压进模具。为了得到注塑时所需要的压

林亮原创一拖三经典小黄鸭形象

力，工作人员要利用自己身体的重量从高处跳下压落横杆，同时双手要紧握压杆，以免摔伤。

这是一件十分辛苦的差事，尤其是夏天，爬上跳下，甚是劳累，但看上去很滑稽。每一家造玩具的公司，当初都用过这种被行内人称为“马骝机”（Monkey Machine）的机器。

2011年1月10日，香港玩具厂商会在香港会展中心举办的行业新书《玩具港》发布会上，还展示了一部颇费周折才找到的“马骝机”。即使是如此辛苦，当时也已经很了不得了。没有资金，买不起昂贵的进口机器，况且也不如现在这么发达可以自动产生高达几千吨的冲压机。

这些从塑胶机中压铸出来的黄色小鸭子，是永新生产的第一种玩具，原型为一只大鸭拖着三只小鸭。由于是聚苯乙烯做原料，质地坚韧，颜色鲜艳，又不易燃，一推出市场，便大受欢迎。

一拖三的家庭亲情形象，为战争时期家破人亡的人们带来慰藉，艳丽的黄色又为战后千疮百孔的灰暗大地增添色彩。更想不到的是，塑胶小黄鸭的诞生竟取代了日本人用赛璐珞制成的玩具鸭，一举击败了一直称霸行业多年的玩具强国。在小黄鸭步履蹣跚地走进千家万户的同时，也从此带领香港的玩具业走进历史的新纪元，这是林亮和他的创业伙伴们当初不曾料到的。

就是这只小鸭子，现代人可能会不屑一顾的极普通、极

編號	110	109	108	107	106	105	104	103	102	101
品名	熊貓美人	实肚米鼠	浮水鴨	拳王賽	不倒小孩	手搖鈴	壹號赤身公	水晶手鈴	毛衣妹	二號赤身公
每打										
編號	210	209	208	207	206	205	204	203	202	201
品名										哨子
每囉										
編號	310	309	308	307	306	305	304	303	302	301
品名										酒杯
每囉										
編號	410	409	408	407	406	405	404	403	402	401
品名										
每囉										

利民塑胶厂当年印有“浮水鸭”的订单原件

平凡、极不起眼的小鸭子，一破壳，就注定了要惊天动地，以至于到了今天，你还能在店里买到这种世纪小鸭。

林亮承认，他制作的第一只聚苯乙烯小鸭子是参考了日本的赛璐珞鸭子。当时仿冒（Knocking-off）是全球玩具业的普遍现象。人们自我保护的意识薄弱，知识产权这个词似乎还没有诞生，连风靡全球的芭比娃娃，亦不例外。

打工仔变小老板

1949年10月1日，全国人民迎来了中华人民共和国成立的历史时刻。

林亮由衷地高兴，中国人民站起来了！终于不再打仗了！当时一般用旧貌变新颜去形容祖国的形象，林亮更常引用唐诗“闻道长安似弈棋，百年世事不胜悲。王侯第宅皆新主，文武衣冠异昔时”去形容。

但很快，1950年6月，爆发了朝鲜战争。由于中国支持北朝鲜，还派出志愿军抗美援朝，1950年下半年起，塑胶原料作为战略物资被禁运。不仅美国出产的塑胶原料停止对中国出口，1951年起，联合国也对中国实施禁运。

塑胶原料是战略物资这个解释颇为牵强。因为“利民”的关系，林亮经常要在香港采购塑胶原料运往内地。一次，林亮准备将聚苯乙烯薄板运至广州，却在海关被阻，香港官方的解释是聚苯乙烯板可以做吉普车的挡风玻璃。在朝鲜战争中，联合国的军队是支持南朝鲜的一方，而中国是支持北朝鲜的，对盟军不利，故不允放行。林亮极力辩称："这是塑胶制的板，只有1/8in厚，是作三角尺用不是作防弹玻璃。"但怎么说都无济于事。

而此时期，许多精明的商家开始囤货，供应减少，使原料价格从每450g一块五翻倍升至三元。更严重的是整个塑胶制造业都因此受到影响，不论是香港的"永新"还是内地的"利民"，业务都一样受到影响。

林亮也学其他人，开始大量购买塑胶勺、碟和碗。由于是成品，不受限制。绕道澳门运抵广州后，再将其打碎、溶解，之后再重塑成畅销的其他产品。

严峻的形势使林亮这个经理更加辛苦，所幸他机智灵活，总算尚能维持生意。

1950年，老板终于将他的薪水由200元加至300元。1951年11月，大儿子Jeffrey出世了。他的肩膀更沉重了，从一个人到四个人，忙里偷闲中，一有机会他仍继续他的经纪生意。

2012年1月15日的周日早上，香港电台第一台节目《旧日的足迹》专访林亮及他的儿子林健锋，当时林健锋谈到父亲是开创香港三色麻将牌的先锋，是有事实根据的。

那一个个翠绿色小方块，是麻将牌的雏形，它漂亮的色泽令人爱不释手。"永新"和"利民"两家工厂已让林亮应接不暇，他忍痛割爱，将此生意介绍给了朋友。麻将流行后，有朋友要入货批发至东南亚，找他联系，并应允每副麻将付他一块钱佣金。第一次他就赚了500元，几乎是他两个月的薪水。

以后每次发货，麻将铺老板会主动通知林亮来取佣金。

那年代的人十分诚实，守本分，很多时候都是口头协议（上海人叫闲话一句），很少有赖账和过河拆桥的事发生。承诺过的，基本上百分之百兑现，每个人都很讲信用，当然也有例外，但那是极少数。譬如，某人想做什么，他会带样品去制模师傅那儿，若师傅能先做出这种模具，他会先付一半订金，余款事成之后再付，不签协议的。曾经有一本书有以下的描述："香港在那个时代，营商方式只有三大派系：一是英美洋行，重契约、追求形象；二是江浙海派，重人面、偏稳健；三是岭南粤商，讲信用、重道义。"描述得十分恰当。

正当林亮踌躇满志，准备大展拳脚之时，一个历史时刻的到来，断然改变了他的初衷——中华人民共和国成立不久，他和朋友们合资开设在内地的工厂被并入了广州市第四塑料厂。

"外面的世界很精彩，外面的世界很无奈"，用这两句话来形容林亮当时的心情再恰当不过。

忙来忙去，却是水中捞月一场空。

当林亮在香港得知这个消息时，难过、无奈、失望，一齐向他袭来。

那笔辛辛苦苦靠打工和做经纪挣来的钱，每一分钱都沾有他的汗、他的泪——那一分钱一个面包的午餐，那一斤破碎的柿子，泥泞的雨季，借读的月光，疲惫的步履……一切一切，省吃俭用的几千元啊，那是他以前全部身家啊！无端端，就什么都没有了，连哭都来不及。

从“三无”到“有厂”青年，现在一切打回原形。连带永新老板的一份都连累了，这使得他很难过，幸好和陈伯玉一样，因为和利民员工的关系都搞得非常好，总算有点安慰。

失去工厂的挫折，令林亮饱受打击，但这一切，并未击倒他。

有一句西方名言是这样说的——生命是挣扎，而不是安逸宁静（Life is struggle，not a warfare）。一切，将会从头开始。

只是，这毫无防备被咬噬的一口，一痛，便痛了26年，直到1978年改革开放以后，林亮才重回内地开厂，这是后话。

揣着一颗受伤的心，林亮又回到“无产阶级”的队伍。年轻人的字典里，没有“放弃”这个词，他并不灰心。好在林亮节俭，勤力机智，近几年又攒了些钱，他决定东山再起。但北望神州暂时是行不通了，只能在香港选址。

雄心万丈的林亮，感到对“永新”难寄厚望。

很快，就在同年，1952年8月5日，他又跟一对夫妇联手，三人每人各出5000元，合资开办了“力行塑胶厂”，林亮任副经理。

与他合资开办力行塑胶厂的F先生是他在广州认识的，亦做橡胶制品。林亮感觉他的为人不错，也是个心怀抱负、热血沸腾的中年人，三人一拍即合。

一年之后，林亮将陈先生介绍加入，成为股东之一。

太阳和从前一样升起落下，林亮也和从前一样返工放工。但每天早上或晚上，他都抽空与股东朋友相见，商讨业务，因为只有他对业务最了解。虽然辛苦，但胜在年轻力壮，他不计较，也不在乎。

兄弟齐心，其利断金！

“力行”的第一件产品是玩具卜卜枪，令林亮和他的股东们感到欢欣鼓舞的是，“力行”的创业十分成功，生意很快走上正轨，利润十分可观，几个人还曾计划在九龙牛池湾买地盖

1952年，林先生与好友合资在香港大角咀福全乡街创办的力行塑胶厂。车头前五人中，林先生站在最左边

厂房。

谁知好景不长，渐渐地暗涌浮现。因管理层变化，矛盾开始产生，甚至有人提出“分家”。起因是F先生染上了赌瘾，有一次他在送公司货款途中，竟然赌瘾发作去赌了钱，结果输掉500元，害得公司未能如数交付货款。与此同时，“永新”的大股东也醋味甚浓，以愿意让林亮持有更多“永新”股份为条件，力劝林亮放弃“力行”。

为此，F先生经常被人劝，也被人骂。再加上他隔三岔五就伸手向人借钱，久而久之，已借无可借。F先生自觉无颜，在一天早上，给林亮留下一封信，出走了。

林亮回忆道，F先生在离家出走的前一天傍晚，特地到林亮家小坐片刻，临走前更掏出200元，硬塞给林亮。莫名其妙地，林亮不肯收，但F先生执意要他收下。

当时林亮觉得F先生行为古怪，他欠林亮起码3000元以上，林亮觉得钱应不是这样还法，但也未往心里去，以为是他有感欠钱太多，一时还不上，略表诚意的举动。

翌日到公司看到F先生留下的那封信后，才惊觉他是“走路”。

有人告诉林亮，留下的200元，名曰“谢路宝”，此意来自“窗前白镪”的一句古话。“白镪”是古时的钱币，意思是不论侵占或欠人钱物多少，不可一分不还一走了之，多少留一点，将来上路时也会顺利些，也表示和朋友仍是有点义气，少些麻烦和阻碍，这是江湖的潜规则。

难怪如今的报纸上常刊登某某被人打劫后，还获打劫者还数十元坐车回家，想必是“谢路宝”了。

林亮至今还存有F先生签名的遭银行弹票的还款支票，还有1954年4月21日那天留下的辞别信，现全文抄录如下：

亮哥：

弟自逃难抵港，厚蒙我兄错爱，而弟未克尽责，致负我兄尽力提携之劳，更使我兄受尽委屈。弟近晚检讨整夜独思未能入寐，痛定思痛。弟须卧薪尝胆，力思吾过。前夕目击我兄求请惠回友赠之梳化、电钟，作为拆伙条件之一，知兄非为黄白之物（黄指黄金，白指白银）损失，可见我兄亦伤心何似，弟定无一刻忘怀之切。天如不折（指折磨），假我时日，当复鸿基捧璧回还。如力不从心，弟亦羞颜再见。希能后会有期，临书痛不成笔。此致

我兄阖府安康

弟　诚留

1954-04-21 早

10余年后的一天，F先生突然衣锦还乡回到香港。他找到林亮。见面时，两人只是叙旧，谁也未提还钱的事。分手时，F先生送给林亮一对玳瑁做手信。是从金边带回香港的，颇为珍贵。

林亮事后说：“大概也算是还债吧！”此一别后，林亮

再无F先生的音讯。

玳瑁，是一种类似龟的海洋爬行动物。这对庞然大物至今仍悬挂在林亮家中客厅的墙壁上，向每一个好奇凝视它们的来客，叙说着它们到来此地的缘由。中国人和日本人都认为玳瑁是灵性动物，异常珍贵，到现在仍算是稀有珍品，价值不菲。

F先生的突然出走，令“力行”出现变数。

与此同时，“永新”老板对林亮开办“力行”一事耿耿于怀，屡次劝林亮离开“力行”，以全部精力管理“永新”和“源兴行”。而且又开出条件，让林亮用真金白银买下25%的股份。不是口头承诺，所以更有保障。

为顾全大局，免伤和气，林亮不再犹豫，应允了老板。他卖掉了在“力行”的所有股份。离开时，他并不计较钱银上的得失，只要回当初开业时，友人作为贺礼送给他的一套沙发和一个挂墙钟。

几经风雨，几度春秋，林亮在生活与工作的磨难中逐渐成长。

没有了林亮之后的“力行”，开始转做塑胶花。这门生意是从欧洲意大利传入香港的，它让“力行”赚得笑逐颜开，林亮也为陈先生庆幸。

当时，整个西方世界为塑胶花沉迷，家家都争用这种永不凋谢的花朵作为时尚装饰。进口商为满足急速上升的需求，而向东方寻找便宜的供货源。

那个时期，塑胶日用品、塑胶玩具及塑胶花风靡全世界，因此也成为香港工业非常引人注目的三大热门。而串塑胶花可说不要什么技术，发包外派给家庭妇女就行，整个香港都在做人造花，利润颇高。

香港前特首梁振英先生曾亲口告诉林亮，当年也曾经在家里帮母亲串过胶花。许多人都赶这个时髦，想趁此赚上一笔，“力行”也不例外。

据资料统计，在1950年底，全香港仅有八家注册塑胶厂，雇用工人200人以上。1953年朝鲜战争结束后，香港的塑胶产业开始强劲复苏，同年底工厂增至30家，雇用工人800多人。1960年底，工厂急剧上升至544家，工人近2万人。

李嘉诚当年也是从塑胶起家的，他也做过流行的塑胶花生意，但李嘉诚比常人超前，别人仅掌握单色注塑工艺时，他已经采用了双色注塑成形的方法。这不仅对塑胶花产业是一项重大革新，也为日后制作玩具提供了先机。“随着塑胶花热逐渐冷却，李嘉诚将重心转向了玩具生产，为‘孩之宝’生产特种部队（G. I. Joe）人物头部及其他配件。”

而林亮的公司后来也成为“孩之宝”最大的OEM（代工）制造商之一。

孩之宝是美国家喻户晓的玩具生产商，纳斯达克上市公司也是全世界玩具业的航空母舰。它与以生产芭比娃娃而著名的美泰（Mattel）是竞争对手。

林亮离开“力行”是自己的选择，他无怨无悔。

很快又有问题出现了！

林亮负责“永新”和“源兴行”身兼双职，都无话事权，他与老板做生意的宗旨大不相同，时常因最终迁就了老板而产生矛盾。

老板热衷于赚钱高于一切，其他的爱理不理。薄待员工，员工士气不振，得过且过；交货延误，验货马虎，凡事斤斤计较等，连多年的老客户都一再投诉。

林亮成了“消防员”，到处救火，身心疲惫，但仅靠他一个人根本无法扭转局势，他自己亦意兴阑珊。与其如此，不如另立炉灶，他心里一直有一个声音在呼唤他，他自己心有不甘。

1955年，终于这次是完完全全自己一个人拥有。林亮独资开了一家小工厂，厂址设在港岛西环，取名“福和制品公司”。

“福和”意指希望幸福、和睦，他早已厌倦了无谓的争执，还有一层意思取自父亲的大名林福三的一个字，译成英

2000年一处福和分厂建立前的农田

文为Forward Products Company，内含向前看的含义。早前“力行”的英文名advance，也是同一意思。

至于他自己，仍一如既往地拥有双重身份：既是“永新”和“源兴行”的经理，又是独资“福和”厂的老板。

1959年12月，香港第17届工业展览会开幕，福和制品公司生产的玩具、磁性刷等产品大出风头，引起媒体关注及记者采访。

在1959年12月21日的《华侨日报》工业专栏中是这样写的：

福和制品厂　塑胶洋娃娃　吸尘机磁性刷

年来塑胶工业突飞猛进，而本届工展会亦成为胶塑品天下，制成品美观实用，尤以塑胶玩具更为出色。

工展会第六街福和制品公司，为本港塑胶工业之巨擘，其出品著名之美女洋娃娃、宗教圣像，均制作精良，栩栩如生。各种大小玩具像真汽车、汽船等，款式别出新颖，与一般玩具截然不同。该摊位自开幕以来，游客不论中外川流不息，故该摊位已成为游客驻足地点，参观及争相采购。

福和制品公司总经理林亮，为本港塑胶业巨子，远在10年前即独具慧眼，经营塑胶原料，为本港最大代理塑胶原料行源兴行有限公司及该公司联号永新塑胶厂（亦以出品玩具著名）经理，最近复创立福和公司。由于林君天性聪悟，对于一切出品，均亲自督促，故其出品更为优良，深得客户好评。本届工展会，该厂特将其设计之新出品“磁性刷”展出，该种刷全为吸尘作用，尘埃一经与该刷接触，即被吸收，对任何衣物，如羊毛、名贵绒料无丝毫损伤，与普通毛刷截然不同，故此次工展会特奖誉为新出品。

除了参展，林亮当年已参与慈善活动，有一篇报道记录了当时的情况，现摘抄如下：“今日参加本报救助贫童运动之第六街福和制品公司……藉此寒冬目睹贫童急待救助，特于本日参加本报义卖以响应救助贫童运动。”

大张旗鼓的广告，多家报纸的大篇幅报道，再加上有一

1948年，香港工业展览会上的永新展位

个女职员当选为应届“工展小姐”冠军，连港督柏立基爵士（Sir Robert Brown Black）也被吸引亲临福和公司的摊位，还亲切与林亮交谈并拍照留念。

工展会的展销大收旺场，威尽四方，令林亮及福和塑胶制品工厂声誉鹊起。一连几天，林亮都是笑意写在脸上。有了自己的公司感受都不同。

一切都可以按照自己的想法和计划，一步步实现心中的理想。

芭比娃娃与林亮的渊源

还是那条同样的路，10多年来，林亮来来往往不知走了多少回。1957年的一天，林亮路过公爵行（即今日中环的置地广场大厦）时，突然有了一个发现——他的目光被一个洋娃娃吸引了。

在透明玻璃的橱窗里，站立着一个洋娃娃——金灿灿的卷发，在脑后自然弯成一个马尾，浓密的刘海，恰到好处地盖在额前。漂亮的杏眼，诱惑的双唇，亮丽的妆容和时髦的短裙。她亭亭玉立站在橱窗里微笑着，对每个注视她的人展示她的魅力和风采。

林亮对她“一见钟情”，一下子就被迷住了。

她是那么与众不同，那么光彩夺目，令人一见倾心，望一眼便舍不得将目光移开。

他推门进去，朝售货员要过一个仔细观看，包装盒上写着她的名字莉莉（Lilli）。碧儿莉莉（Bild Lilli）来自德国。

林亮很有心地仔细找来找去，发现这款洋娃娃没有标准专利号或类似的提示。林亮以他敏锐的直觉认为，这个洋娃娃可能将会给他带来好运，他毫不犹豫地掏尽身上所有的钱，一口气买了六个。

他小心翼翼拎着这六个宝贝，送到西环福和工厂，他和他的伙伴们马上将其中一个拆开研究，他们发现娃娃的材质

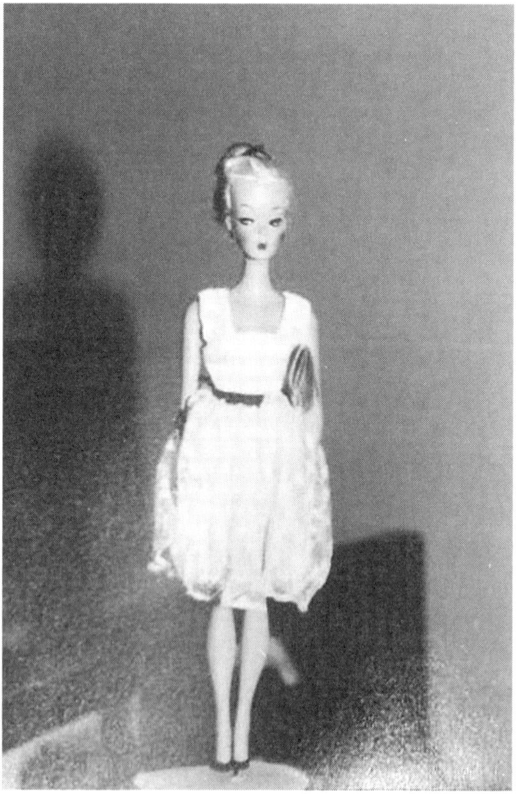

1957年，林亮一见钟情的芭比娃娃前身——莉莉洋娃娃

是硬胶，四肢是分别安装上去的，身高为11.5in。几乎未多细想，林亮很快做出了决定，起模复制这款洋娃娃。

美国犹太人Sam Seltzer（山姆·塞尔兹）是林亮在“永新”打工时就认识的客户，两人交往至今，逾65年之久。

Sam是美国康奈尔大学1949届本科生，他在1960年成立了艾力森公司，生产汽车配件，尤其在东南亚地区有很多业务联系，这与他来自一个被称为“中国的老朋友”的家庭有关。Sam的父亲在1915年起就从事中国贸易，第二次世界大战爆发后被迫结束生意。自儿子从商后，他不断对儿子强调“你一定要到中国发展”。子承父业，Sam在20世纪40年代就与林亮有生意往来，两人从客户关系到“铁哥们”，林亮的三个孩子长大后留学美国都是找Sam做监护人和经济担保人。

1970年两人合资在台湾开贸易公司。后来Sam将林亮介绍给康奈尔大学，林亮捐出50万美元成立奖学金，他的名字被刻在康奈尔大学的一处石壁上做永久纪念。林亮后来还成了康大的终生顾问。

Sam是碧儿莉莉的第一个买家，他将之改名为吉娜——Gina。吉娜推出后由香港运往美国出售，市场反应出奇地好。按以往常规的海运已远远不能满足市场的需要，供不应求。经常每周都要空运数以万计的Gina去美国，即使成本昂贵也在所不惜。两人都因此赚到大钱，Sam赚得比林亮更多。为应付市场庞大的需求，Sam不得不在近纽约的新泽西专门建了一座仓库储存货物。

而林亮在推出Gina的同年，为应付Gina专门的服装，同时鉴于发妻梁育吾会缝纫，也特别成立了一家公司，专门为Gina做服饰。根据Sam公司的英文名字Allison Corporation，林亮为新成立的缝纫厂命名为Alice Doll Fashions，中文译作“美丽有限公司”。林亮用650元港币为发妻买了一台胜家（Singer）缝纫机，并在一年多后完成了分期付款。

在经历了半个多世纪后的今天，林亮还保存有一个当年

OUTH CHINA MORNING POST, HONGKONG. 22—Friday, May 12, 1961.

NOTICE

COPYRIGHT IN DESIGN OF "LILLI" DOLL

NOTICE IS HEREBY GIVEN that Messrs. Greiner & Hausser of Neustadt, Germany are the manufacturers and holders of the rights to the design of the above doll and have granted a licence to Messrs. Louis Marx & Co. Inc., of New York to manufacture the doll. A representation of the design of the doll is given below. AND NOTICE IS HEREBY ALSO GIVEN that the manufacture or sale of dolls which are an imitation of the design of the "Lilli" doll is an infringement of the copyright in the design and that legal action will be taken against persons responsible for such infringement.

Dated 11th May 1961.

HASTINGS & CO.
Solicitors for Messrs. Greiner & Hausser
and for Messrs. Louis Marx & Co. Inc.

Excel hi-
Model 222 B
Excel hi-fi
ZE
UMBRAL
UROPAL
Authorized dispenser
HONGKONG

报纸上的椰莱娃娃

原版的莉莉洋娃娃。它被放在一个透明圆形的塑胶筒里，娃娃的脸看上去已有些许褪色。每当有特别需要时，林亮才会小心翼翼地拿出来让众人观赏。

这个莉莉洋娃娃，就是如今风靡全世界的芭比娃娃前身。

年轻的林亮当年并未察觉到它竟拥有如此广泛持久的魅力，所以，在做了四五年之后就收手改做其他玩具了。

2017年为庆祝香港回归祖国20周年，香港历史博物馆举办了一次史无前例的大型“香港玩具传奇”展览，从3月2日至5月15日，历时两个半月。

林亮先生与小黄鸭

半个世纪前的莉莉洋娃娃原模型，颜色已褪旧，被历史博物馆从林亮手中借来，摆放在玻璃柜内，向每一个来参观的大人小童述说着过去。

而1948年原创的经典小黄鸭，则被复制成4000只同类，以震撼眼球的排列方式，在博物馆草地上组成一幅壮观场景，成为2600组珍藏玩具的重点之一，让市民们完成了难以计数的拍摄，亦引来国内外传媒如中央电视台、英国《金融时报》、亚洲电视以及当地各家报刊杂志采访。

一老一少　棋逢对手

美国玩具大王路易·马克斯是20世纪40年代的风云人物。他是路易·马克斯公司（Louis Marx and Company）的创始人，公司创建于1919年，是20世纪50年代世界上最大的玩具公司，以生产上发条的大力水手（Popeyes）和金属机械玩具闻名。

这位业内老大，也可以说是世界玩具业的老大，1896年出生，15岁就辍学从商，才26岁就成了百万富翁。当林亮还在华仁上初中时，马克斯已经是当年美国总统艾森·豪威尔的座上宾了。

熟悉马克斯的人都说他是一个固执己见的商业天才，他每周工作7天，每天工作24小时，且希望员工也能跟上他的节奏。他是第一个在香港开工厂的美国人，是他发现了香港，影响了香港——他带动了香港玩具的出口市场。

1955年，香港的玩具出口总额为1820万港币；1957年，翻了近两倍为5240万港币；1960年，更增至1.15亿港币，其中近

40%是销往美国的。

马克斯是业界老大也是仿冒高手，他喜欢冒险，喜欢在外国人不敢轻易涉足的地方投资。他也喜欢女人，根据老一辈的人说，在马克斯的纽约总部，没有一个秘书会打字，但她们每个人身高至少1.78m，长得都很漂亮，晚上要在俱乐部里工作。他出手阔绰，喜欢与达官显贵及各行各业的名流打交道，从至高无上的总统到体育名人、电影明星，都是他的结交对象。

当林亮躺在棺材铺的硬木板“床位”上发创业梦时，马克斯已在香港南区浅水湾酒店的豪华套房里住了几星期了。

> 在那段时间里，他经常坐在对面的海滩上接待前来“朝拜”的敬仰者，在沙滩上的桥牌桌边伏案工作，并将备忘事项通过口述录入可携式答录机，还会拿牛排喂他的狗。有时，他会手捧英文字典在沙滩上来回踱步，学习新单词充实自己的词汇量。有专门的司机开着捷豹（Jaguar）敞篷车带他在城里兜风。马克斯不仅为香港带来了投资，也带来了符合西方标准的专业玩具生产技术。美国的“玩具大王”以其丰富多彩的生活方式和天生的睿智，在香港玩具产业史上写下了令人难忘的篇章——而香港玩具生产者们也在其传奇故事中扮演了重要角色。
>
> 香港总能吸引到不少冒险家和怪人，但它还没准备好迎接像马克斯这样的人物。据美国玩具业的

> 老前辈巴克·贝里斯回忆，每天到了傍晚5点钟，马克斯会准时走出纽约的办公室，“两只胳膊各挎着一位美女”。他有几辆劳斯莱斯，当其中之一来接主人离开时，地上会专门铺上红地毯，还有两名门童在一旁伺候。“还有人特意跑到第5大道200号的大厅，就为一睹盛况。”总之，他独断专行，喜欢天马行空，连顾客他都依自己的喜好来挑拣。
>
> 马克斯还有一条不成文的规定，任何跟跳槽者保持来往的员工都会被开除，一点都不手软。他在50年代投资建成的工厂名字叫作埃尔姆模具设备有限公司（Elm tool and Machinery Company Ltd.）。

林亮解释道：“他们说英文Elm取自Excellent Louis Marx的三个头字母，意思是‘杰出的路易·马克斯’。”

1955年，当林亮终于倾其所有，独资开了一间名为“福和”的小工厂时，马克斯已在当年12月底成功登上了《时代》杂志的封面。

按理，一个美国大老板，一个中国打工仔，一个高在云端，一个低微如蚁，像林亮这样默默无闻的小人物，是根本不可能也没机会结识像马克斯这样赫赫有名的大人物的，然而机缘就是如此巧合。

将林亮和马克斯无意中联系在一起的，是碧儿莉莉——那个令林亮醉心的、一口气买下六个的洋娃娃。《玩具港》已有详尽描述，现将有关缘由摘抄如下：

碧儿莉莉以德国《画报》（*Bild-Zeitung*）上发表的著名连环卡通中的人物为蓝本，其原型是一位作风豪放的现代女性。最初，碧儿莉莉玩偶的推出是为了配合《画报》的宣传，旨在以新鲜、性感形象吸引男性读者，自1955年起一直通过酒吧、烟草店等成人管道销售。玩偶有11.5in和7.5in两种尺寸，衣着时髦且略显挑逗，可以单独售卖。但林亮还不知道，被碧儿莉莉的魅力征服的不只是他一个人。

1956年，美泰创办人之一露丝·汉德勒（Ruth Handler）在瑞士一家商店的橱窗里看到碧儿莉莉，这跟她想象中以成年女性形象制作的玩偶不谋而合。在她看来，这种洋娃娃填补了市场空白，将美国女孩对未来长大后的幻想提前预演。她把玩偶带回美国，经美泰联合东京的国际贸易股份公司对其加以改造后，由后者在日本投产。这款时尚娃娃按露丝的女儿芭芭拉（Barbara）的名字取名为“芭比”（Barbie），于1959年3月在纽约举行的玩具展上正式亮相。

美泰依靠芭比一举成功，令马克斯深感嫉妒。后来他在香港从叶仲午那里听说了林亮的莉莉娃娃。在竞赛中被击败这一事实显然刺痛了马克斯这位仿冒艺术家的自尊心，在其授意下，叶仲午给林亮写了一封信：

我们正式通知您，这款7.5in高的莉莉娃娃是德国莉莉娃娃的复制品，我们拥有后者在美国、英国及加拿大的专利权，该专利正在香港申请注册。因此，收到此信后，按照法律规定，您须立即停止在香港的所有付运。如果发现收信日后你公司有任何付运，我们将采取法律行动维护权益。

当时林亮还在英国，紧接着三天后，他收到一份电报，当中提到了路易·马克斯在美国和英国拥有该洋娃娃的专利权，而结尾仅提到“调查正在进行中”。林亮认为马克斯真正想说的是：“年轻人，这个玩偶是我的。如果你还想继续做生意，就只能卖给我。”说来也巧，马克斯和林亮恰好都在伦敦，他们相约在著名的夏蕙酒店（Savoy Hotel）共进早餐。

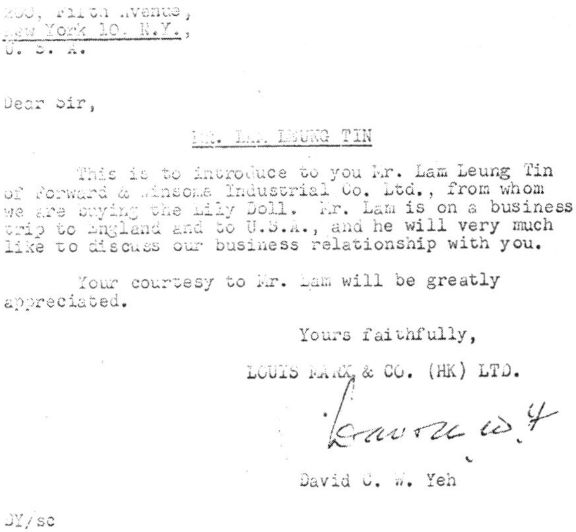

200, Fifth Avenue,
New York 10. N.Y.,
U. S. A.

Dear Sir,

MR. LAM LEUNG TIN

This is to introduce to you Mr. Lam Leung Tin of Forward & Winsome Industrial Co. Ltd., from whom we are buying the Lily Doll. Mr. Lam is on a business trip to England and to U.S.A., and he will very much like to discuss our business relationship with you.

Your courtesy to Mr. Lam will be greatly appreciated.

Yours faithfully,

LOUIS MARX & CO. (HK) LTD.

David C. W. Yeh

DY/sc

1960年，美国玩具大王马克斯与林亮之间的函件林亮确信马克斯是在虚张声势，于是开门见山地说："马克斯先生，你并未拥有专利权。"据林亮说，马克斯回答十分小心翼翼："你怎么知道？"林亮决定把游戏继续下去："香港（当时）是英国殖民地，法律也是根据英国法律制定的，要弄清楚非常容易。"这时马克斯变得激动起来。"他就像个孩子。"林亮说，"他说：'好啊，我们走着瞧。'"

两人步行前往附近法院区的林肯公园（Lincoln's Inn Fields），拜访了一家专门从事专利事务的律师事务所。林亮花了几分钟便找到了他想要的文件，经证实，英国和美国的专利权属于为《画报》开发碧儿莉莉玩偶的德国公司。

"马克斯看了书中的内容，问道：'我们该怎么做？'"林亮在讲述他如何揭露玩具大王虚张声势。

面对摆在两人面前的障碍，他一点不担心，高兴地答道："马克斯先生，这很简单，我为你独家生产玩偶，然后由你来销售。"于是他们如此操作了大约一年。在那个年代，对知识产权的漠视是一种行业惯性。

然而对马克斯而言，这份专利材料还大有文章可做。至少它意味着美泰也无权以碧儿莉莉为基础生产芭比。"他就像一个饥饿的孩子刚得到一块曲奇。”林亮说。他补充道，马克斯后来告诉他说，他跟美泰协商好了，他可以在香港生产他的莉莉复制品，而美泰在日本生产芭比。

过了一段时间，马克斯从碧儿莉莉的德国制造商格雷纳·豪瑟（Greiner & Hausser GmbH，G&H）那里获得了独家经营许可。1961年，路易·马克斯在美国推出了一款加高版的碧儿莉莉娃娃——Miss Seventeen，同样产自林亮的香港工厂。“对于一款为10来岁少女设计的洋娃娃来说，Miss Seventeen这个名字很合适，但17in的身高并不符合市场需求。”林亮说，“结果很糟。此外芭比的热销也是原因之一。”

那一年，路易·马克斯和G&H在加利福尼亚对美泰提起诉讼，指称后者剽窃了G&H的碧儿莉莉腿关节设计的美国专利。他们还宣称芭比娃娃是碧儿莉莉的复制品，美泰否认剽窃一说。经过长达两年的法律交锋，法官驳回了诉讼，要求双方各自承担费用。1964年，美泰以21,600美元的价格买下了碧儿莉莉的版权外加德国和美国的专利权。

路易·马克斯的经营许可在1970年到期后，美泰又出了点小钱，在原属于路易·马克斯的行销领域里，将碧儿莉莉的经营权牢牢攥在了手里。

马克斯一直试图通过指控美泰剽窃德国的碧儿莉莉挤走

芭比，但最终都未能打响如意算盘。

芭比如今在玩具业已矗立了半个多世纪，她的原型是否来自剽窃已不重要，重要的是她已站稳脚跟，名扬天下了。而碧儿莉莉是芭比的化身，这一点，在行内早已是公开的秘密。

到20世纪60年代中，马克斯的公司已过了鼎盛之年。在电子玩具越来越受市场欢迎之时，马克斯仍独往独来无动于衷，他开始落后于时代的潮流。

世界第一大玩具公司走上了下坡路。1967年，路易·马克斯的英国分厂被正在崛起的英国玩具公司邓比坎培以100万英镑的价格收入囊中。

五年后，马克斯将其公司的剩余部分以5400万美元的价格卖给了做谷物生意的企业集团桂格燕麦公司（Quaker Oats Company），鉴于两个行业的目标顾客都是孩子，当时美国的食品企业纷纷进军玩具业。它们把小玩具或玩具优惠券放在麦片盒子里作为促销手段。“有人跟我说，签合同的时候马克斯的眼里含着泪水。”林亮说，“他是那么热爱自己的事业。”1972年马克斯退休时已是76岁高龄。10年后，他永远离开了我们。

如今，林亮早已过了90岁的高龄，忆起马克斯，他不无唏嘘。在与马克斯有过那么一段时期的“蜜月”合作后，双方都从碧儿莉莉身上赚到利润。但后期马克斯心血来潮推出的碧

林亮与1957年制的莉莉洋娃娃，摄于2009年受访时

儿莉莉加高版Miss Seventeen，却不被市场接受，销量滞缓。

1963年，林亮亦停止生产碧儿莉莉，想不到由她而来的芭比娃娃，却走红至今。

“世事真是难料！”林亮不无遗憾地说。

他早握先机，却又因太年轻欠缺经验，过早放手而失去机会。

永和实业有限公司的诞生

从1957年到1963年，迷人的碧儿莉莉为林亮带来可观的利润，他的口袋不再是空空如洗。第一次，他有了自己的房子。

1954年小儿子出生后，他已是3个孩子的父亲。1957年，他用2万元在西环买下一个单位，将母亲、太太和孩子们都安顿在那里，女儿和两个儿子的童年都是在那间小屋度过的。虽然如此，林亮当年也不惜重金礼聘恒丰中心大业主的媳妇李德仁太太当补习老师。李太于2016年在美国波士顿过世。

香港很小，林亮单枪匹马独资创业，广开客源，复制碧儿莉莉洋娃娃取得可喜成绩的消息，在行内渐渐传开。

“永新”老板对这个年轻人一直看在眼里，记在心里。他爱他的聪明才干，爱他的吃苦耐劳，爱他的真诚忠实，然而，老板更爱的，是自己的钱包。

1960年的一天，老板主动找林亮，建议将“福和”“美丽”与“永新”合并，每人各占50%股份。最初林亮婉拒了，他用心血栽培的“福和”，如一棵向日葵般，茁壮成长着，他不想吃回头草。

可老板并不放弃他。

60年代的塑胶业由于遍地开花的家庭式作坊而出现了激烈的竞争，国际塑胶品市场亦已近白热化，老板的生意明显大不如前。老板自己想不出什么好办法来改变困境，他最依赖最信任的还是林亮，毕竟林亮跟了他这么多年。

林亮不为所动，一再谢绝，老板并不灰心，一再找他。

到今天，林亮也说不清为什么他又一次答应了老板的请求，莫不是真的“明知山有虎，偏向虎山行”，不怕被虎咬？

有一种精神叫执着，有一种心态叫妥协。原因很复杂，交织在一起，“剪不断，理还乱”。

从自己和老板这么多年的相处和自己对老板的了解，林亮已对老板为人处事及性格十分熟悉。他并不认同这是一个双赢的绝佳方案，尤其对自己而言，但他竟然让步了。理智上，他完全应该说“不”的，但感情上，他既有对当年创办“永新”的难舍情结，有着想再威风一次的争胜好强的潜意识，还有对合并后可能会发展壮大的期待。另外，也是最重要的一点，他一直心存感激——在他离开棺材铺无处住宿，差点儿流落街头时，是老板收留他住在他家中。尽管那只是一张床，尽管寄人篱下的滋味并不好受，他还是感激。

他念着这份旧情，直到如今。在笔者聆听他这段历史的口述时，他依然由衷地感激老板曾给过他一处栖身之地。既然老板一再开口相求，他也不能拂了老板的好意吧，怎样也得给个面子。

总之，林亮又一次心软了。但这次，汲取以往的教训，他留了一手，开出一个条件——美丽有限公司不合并，保持独立，那是太太的公司。

老板同意了。

1960年初夏，一家新公司成立了。“永新”和“福和”合并后，每个公司各取一个字，改名为“香港永和实业有限公司”。林亮与老板每人各占50%股份。

合并后不久，林亮代表“源兴行”及“永和”去英、美两国考察，一走三个月。在他离开香港期间，由于合伙人待人处事方法与他不同，时有矛盾发生，投诉电话追到大洋彼岸。客户和员工均怨声载道，他又鞭长莫及，“永和”业务亮起红灯。

心太软的结果是武士被困、老鹰被俘，英雄无用武之地。

考察回港后，林亮的新创意总是被老板家长式的管理所束缚。他曾提出避开羊群心理，开创新方法的点子不被老板采纳。他自知财力不厚，将这个创意告诉了原先与他办公室为邻的L先生。L先生采用了林亮的建议后，为自己获取了六位数的进账。1961年的数十万盈利，绝对是个天文数字。

林亮并未因此为自己邀功，也从未开口向L先生要求任何好处，他竟然在忙碌的工作中忘了这件事。但L先生在心里记住了这个不计私利的年轻好友，并在这位年轻人创业最关键的时刻主动帮了他一把。这是后话。

渐渐地，林亮也有些后悔与老板合资，他很难再依照自己的想法发挥才能。

俗话说“一山不容二虎”。他觉得这样继续下去，对公司，对个人都不利。他还是眷恋自己当老板，一个人说了算的日子。这也是后来有同行找他合作项目时，明知有利可图，他依然婉言相拒的原因。

“不管公司规模多小，我还是喜欢独立自主。”林亮说。

形势逆转过来了！一直都是老板求林亮，一见他有异动

早年的林先生

就把他拽回来。现在，轮到林亮找老板摊牌。

他向老板提议："这样吧，我不做股东了，也不再开工厂，全部股份卖给你。我今后只打工好了。"

又一次出乎林亮意料，老板听后却反说："不如我卖给你，你100%拥有'永和'好了，我退出。"

老板心里十分清楚，这个工厂之所以有今天，很大功劳要归于林亮。

林亮的口碑有目共睹，他热爱这份工作，不计得失，不怕吃亏。这份热爱是发自内心的，薪水多少他从不抱怨，也从不拿这个作为谈判条件。大不了自己辛苦些，用休息时间做经纪，赚些外快，老板自己也心知肚明。

他聪明敏锐、勤奋好学。几句不经意的对话，一些不起眼的事，甚至一张照片，一个单词，别人可能不以为意地过去了，他却能从中捕捉到稍纵即逝的信息，马上分析判断，然后迅速做出选择，取利舍弊。

他认真细心，一丝不苟，不论订单数量多少，工序简易繁杂，只要交到他手上，你就可以高枕无忧。就算是摆放一只茶杯，他也绝不马虎，他的认真是出了名的。

还有，他善良忠实，待人诚恳，言而有信，无论大客户小客户，职位高低，他都以诚相待。说来也怪，客户不论男女老幼，都喜欢和林亮打交道。有时闲来无事，老板也来公司和他一起吹水、聊天。几次反复证明，林亮在，生意在，客户来。林亮一走，伙计也走，人心也散，生意也进了别家门。

在许多事的处理上，无论大小事情，都可看出他做人的原则和与生俱来的亲和力。这一点，老板也心服口服。列举几例：

第一件，一个客户来交货款，本应收1000元港币，客户误将20张500元港币当成是20张50元港币的钞票，而且放下就急着走了。很快林亮就发现了，他立即追出去，交还那些多出的九倍钱——9000元，令对方感激不尽。

第二件发生在1956年，林亮接到Sam的电话，抱怨刚收到的货品中有的娃娃发现有霉点，不知是海运时受潮，还是在制作过程中受到污染，要求退货。林亮二话不说："Ok，Sam我信你。你也不必将有问题的货寄回给我验证，我立即再造一批给你。你说有多少货不好，我就赔你多少。"

1995年，与美国好友Sam夫妇等一同游玩加拿大，右边第二位为Sam

1999年，林先生夫妇与美国好友Sam夫妇在一起

就这样，林亮让工厂加班，重新赶制了同样数量的货品，空运寄去了美国。虽然林亮为此赔了一笔钱，却令Sam大为感动，赢得了友谊和信任。就从那时开始，Sam成为林亮的大客户，两人也因此成为莫逆之交。林亮后来丧妻再结识女朋友时，第一个告诉的人就是Sam。

第三件缘于林亮收到外国客户的一封英文信——点名投诉公司某员工在与他讨价还价时，指摘他不肯压价、不肯让步，迫使他们要用该员工定出的价格买货。该客户恼羞成怒，在信中很不客气地说："你若不将这个员工炒鱿鱼，以后我们将不会再有生意来往。"

对方是一家有名的大公司，林亮只是一间小公司的打工仔，凡遇这类棘手的事，老板总是一干二净地推给林亮处理的。

林亮阅信后，马上了解情况。之后，他用了一个颇让人意外的方法处理了这件事。他原封不动附了客户的原信，又回了一封毫不示弱的短信，信中只有三句话："××先生，对不起，如果你不将你来信中让我开除那位员工的那一句删除的话，从此我将不再与你做生意。"结果，该客户再次来信，除了道歉还收回了那句话，至今双方还在继续合作。

所以当林亮提出让老板买下他的股份，放他一马时，老板怎么也不肯。他知道自己开不动这艘船，一遇风浪，定会船翻财散。他仍试图挽留林亮，但这次林亮去意坚决："你不肯买，我又买不起，那干脆放盘卖给外人好了。"

老板拒绝："不行！"

林亮心中也明白，老板不希望公司落在外人手中，好歹也风光过，如今要拆伙、关门、转让，他的面子往哪里搁？事情僵在那里，毫无进展。

日子就这样没精打采、不死不活、拖拖拉拉地过了两年。林亮亦是一筹莫展，被困扰了两年。

渐渐地，这事不知怎样传了出去，行内好多人都知道了。

一日，久不见面的L先生主动约林亮饮茶。甫坐下，L先生便从怀中掏出一张支票，笑吟吟地放在林亮面前。

林亮不解地问："怎么，你也打算入我们这行？你想买下'永和'？"

L先生摆摆手："不，不是我买，是你买。"

“我买？”林亮重重叹出一口气，“你开玩笑，我哪儿有这么多钱？若有我早就买了，还能拖到今天？”

“别再叹气了！”L先生笑笑说，“以前没钱，现在有了。喏，你先拿去用吧！”L先生往前推了推那张支票。

“我……你这是……”事出突然，林亮毫无思想准备，他一时尚未完全明白。

“年轻人，我看你是可以的。”L先生肯定地说，“算我借给你的，行了吧？”

借25万元买厂？老实说，林亮想都未想过。300元月薪的收入和25万借款的悬殊，不要说未想过，连发白日梦的资格都没有。

20世纪60年代早期的玩具商中，大部分人没多少积蓄，能筹集到足够的启动资金开办玩具厂已非易事。再欲扩张，一是向亲戚朋友借钱，二是向银行贷款，三是不得已才向大耳窿借。大耳窿的月利率非常高，可达40%或更高。高也负担得起，因为利润高，100%甚至200%的利润。原因有二，一是香港生活水准低，二是西方国家的需求大。

就像当今社会，什么都有了，可苹果的Iphone手机还是有极高的利润，专卖店门前依旧大排长龙，因为需求大。

但25万实在是一个天文数字！60年代初，25万能买到什么？以当年香港的楼价，一个46.5—55.7平米的住宅单位，约三万元。一幢独立的洋房才不过六七万元左右。25万元大约可以买到四幢黄金地段的独立豪宅。

“怎么样？”L先生认真地追问，同时补充道，“我这张支票还有三个附带条件：一不收利息，二没有还钱限期，三不用你写任何借据，你先拿去。”

“什么？你……”林亮感动到不知说什么才好。朋友无私的信任令他惊诧，令他感动。

林亮心动了！梦想、梦想，这仅仅是一个梦，还是只能是一个想字？一方面，他满脑大计，却常被资金所困；另一方面，未经他开口，朋友便雪中送炭，而且是如此的信任。他不敢相信，真的不敢相信。数目太大了，大得超过他可以承受的程度；但这感觉又太真实了，真实得就在眼前，好像是摘天边的月亮，只要你伸出手，就可以握它在手中。

他真真实实感到热血沸腾的心脏激动地颤了一下，怎么办？

朋友并不说话，沉默而诚恳地望着他。他也不说话，说不出话。

朋友是真诚的，就坐在对面。支票是真实的，就放在手边。

半晌，他用有些颤抖的手，缓慢而郑重地拿起那张支票——这不是梦，是现实。只要他点一下头，这张支票就归他所有。

他一再望着那张支票，心里在斗争。支票上阿拉伯数字后面那串长长的“0000”，不知怎么将他带回到父亲那被误写的名字——林零。

看来，从他出生的那天起，他就注定一切要从零开始。林亮一再被朋友的仗义之举深深感动着，他并未轻易说：“好吧！”他不是那种喜欢占朋友便宜的人。

坦白地说，这真是天上掉下来的一块大“馅饼”，吃完之后两只手可以拍拍不认账。即使将来打起官司，对方都没有机会赢。一切都是凭一个信字，还有凭良心。

面对友人忘我的慷慨，他将支票郑重交回到朋友手中。

“首先我非常非常感谢你的这番好意，我心领了。”他说，“但我还要仔细想一想，一是我的偿还能力，二是我的责任。25万，这绝不是个小数目，给我一个星期考虑，好不好？七天之后我答复你。”

“可以！”L先生将支票放回到西装口袋里。“我认为你会成功的。”临别前，L先生又一次用不容置疑的口吻说。

告别L先生，林亮立即去做了三件事。首先是去电报局，给远在美国的Sam发去一封电报：“如果我全资买下工厂，你支不支持我？”第二，去汇丰银行谈可否贷款一事。第三，他用三天时间，接连拜访了三家出口商、一家日本公司、一家英国公司，还有一家国人当老板的公司。

林亮是一个做事十分认真的人，譬如，他一定要走到划有人行横线的地方才过马路，哪怕要走很远。朋友电话中请他赴婚宴，他坚持要对方寄来邀请函才会参加，诸如此类。小事都如此，25万元的大事，他怎么不谨慎认真。

很快就有了Sam回音，明确表示可以给他一年的订单。而且在订货后提前开LC（信用状）过来。这样，林亮拿着信用状可以从银行贷款。而汇丰也答应“永和”可凭客户开的LC贷款。那三家进口商听完他的陈述后，都表示会全力支持。

有了这三方面的保证，林亮信心大增。在好友和行家的鼓励支持下，他决定将老板的50%股份买下来。不到一周，他就与L先生又约见了。这次，他从L先生手中接过了那张沉甸甸的支票。

命运从此发生了根本性的转折，雄心万丈的林亮，开始创造他的玩具王国。全资拥有“永和”后，林亮任董事长兼总经理。为照顾老板的面子，也是情义所致，义重如山的林亮让老板任挂名董事，并答应给他一些董事袍金。

四年之后，林亮便还清了这笔借款。

几十年过去，每当提及此事，林亮都心存感激地说：“当初若没有朋友的仗义之助，就没有我林亮的今天，也没有永和公司的现在。”还是那句老话，滴水之恩，当涌泉相报。

富裕之后的林亮，每年送一斤上好的燕窝给他的恩人。朋友依旧非常地低调，多次请他吃饭、饮茶，他都是婉拒，一次都不肯来。以至于林亮第二任太太与他结婚近20年，这故事起码听了几十遍，都只闻楼梯响，从未见真人。

八年前的一天，林亮和太太在快活谷马会电梯前，无意中碰见一对夫妇，林亮一句：“Shelly，这位就是L先生，那个朋友。”

雪莉立即明白他们遇见的正是林亮几十年前的大恩人，终于见到他的“庐山真面目”了。她即刻真诚地邀请L先生夫妇饮茶叙旧，L先生同样婉拒。连站在旁边的L太都说：“他呀，就是这么个怪人，什么朋友都不约。”

就这样，林亮靠自己的信誉、人品和能力，在贵人的协助下，真正迈入老板的行列。那一年，是1962年，38岁的老板为公司制定的宗旨是“诚、信、勤”。

没有了羁绊的林亮，开足马力，带领“永和”乘风破浪全速向玩具的海洋中心驶去。那时“永和”雇用大约三四百工人，生意不俗。年年订单稳定，盈利稳定，人心稳定。

从60年代初开始，玩具业逐渐从塑胶业分离出来，自成一体并迅猛发展。但实质上，当时香港的玩具业大多仍以小本经营的小厂居多，人才缺乏，经验不足，与外商打交道多靠洋行，直接或间接受制于人。

林亮因此先后参加了香港塑胶厂商会、港九塑胶制造商联合会的创会工作，竭尽绵力，提出倡议，又捐款给香港工业总会成立扶助工业基金。两个商会的组成在玩具生产厂家中扭成一股强大的团结力量，使香港政府开始重视塑胶及玩具行业，了解发展这个行业的重要意义；另一方面，行业内的恶性竞争，由于有了商会协调而有所减少。

1964年，“孩之宝”推出特种部队，一种称为G. I. Joe的兵哥玩偶。西方涌现出的婴儿潮和电视促销等多种因素，致使“孩之宝”翌年的销量到达2300万美元，产量亦由1966年的25万个猛增至1967年的3000万个。

早在1962年，“孩之宝”就找过林亮，请他协助生产。那年月市场的主动权握在制造商手中，“孩之宝”的采购主任希望“永和”能接手G. I. Joe玩偶的部分订单。

对制造商来说，有订单当然是求之不得的好事。但权衡后，林亮老老实实答复对方：“这个项目太大了，而且质量要求也很高，我做不了，如果我接单后不能按时交货，岂不害了你们？”思考之后，他大方将此项目转介给了香港实业的陆德馨。他们合作了六年之后，“美泰”出手收购了香港实业，“孩之宝”被迫终止合作。他们转过头又来找林亮，林亮三思之后，仍回复No。其原因除了数量太大之外，还是担心不能保证质量。后来“孩之宝”找了李嘉诚，但“孩之宝”很欣赏林亮这种诚实坦白的态度。数年后，当“永和”强大起来，“孩

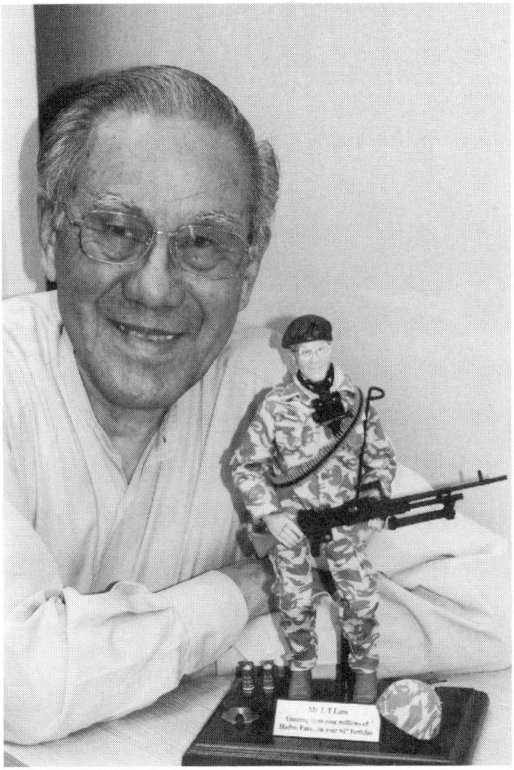

与美国“孩之宝”玩具公司友谊深厚，从1962年至今互惠互利，林先生91岁生日，对方特别设计了林先生人像做生日礼物，意义非凡

之宝”又一次主动找他合作，他们极欣赏这个年轻人。终于，林亮认为时机已成熟，没有再拒绝。

从1966年开始，“永和”是“孩之宝”合作了半个多世纪的最长久的生意伙伴。而林亮的健康长寿，也让他经历了对方三届CEO的替换，至今双方仍在合作。

而当年香港实业为报答林亮的慷慨介绍，将G. I. Joe玩偶的服装订单给了林亮加工。这三赢的局面，也促进了香港玩具业的蓬勃发展。

平平稳稳过了五六年，公司在发展中不断壮大成长。

独资成功了、老板当上了、生意兴旺了，还要什么呢？

勇闯海外市场

1968年，喜欢挑战的林亮又开始不安分了，他似乎与开荒牛结下了不解之缘。

在他心底，他一直没有忘记广州“利民”的“滑铁卢之役”！尽管那是历史原因，并不是他的错。但内地暂时还进不去，于是他将目光转向了台湾。

通过1950年就已相识的友人，林亮孤身一人跑去台北开设了“阜和股份有限公司”，又在三峡买下一块地皮（现在属于新北市），大兴土木盖起了工厂。

1969年厂房完工，主要生产玩具和圣诞饰物，后来又与Sam合资增设了“美禾股份有限公司”专门代理汽车零件和出口贸易。

台湾的两家公司一直业务稳健，一帆风顺。无论香港还是台湾，他的玩具事业都奠定了相当厚实的基础，直到那平地一声雷，再一次震动他那潜伏了几十年的神经。

全世界的玩具行业每年都有玩具展览会，历史记录最早的是巴黎玩具展，最著名的要数纽约玩具展，最长久的是德国纽伦堡玩具展，后来居上者非香港玩具展莫属（在1976年之后）。现在香港已是全球第二大玩具出口地区，而举办的玩具展，年年被要求增加展位。

早在1965年，林亮就去参加德国纽伦堡玩具展了，但他的黄皮肤处处让他吃闭门羹。第一次，他走到一个展位前，还未进去，那德国人二话不说就扔出一句“不欢迎东方人”。林亮只好站住，问：“为什么？”

“因为你们很会仿冒。”那人倒也直爽。

“不一定呀。”林亮用流利的英文向他解释，“不是每个人都是来抄袭的，说不定我和你会有生意做呢。”

那人摇摇头，说：“不行，你等最后一天向公众开放时再来吧。”

“那我岂不是一样可以仿冒？”

那人笑了：“今天肯定不行，你还是最后一天再来吧。”

没办法，林亮只好扫兴地走了，又走过几个展位，都不得要领。参展商警惕的目光，先就下马威似的阻止了你。

无可奈何之下，林亮只好又花钱多住了3天。终于等到最后一天，他去了，对方认出了他。临走，林亮还买下他两样展品，其中一样还真做成了生意。

60年代的廉价劳动力，为香港带来很大的优势。大多数妇女不论年龄大小，上至阿婆，下至童工，都在家庭作坊中连续长时间工作。但随着海外订单不断，劳动力市场已变得紧张，优势开始减弱。

与此同时，国外对玩具的安全要求越来越高，而香港奉行自由放任的商业文化，对此既不重视也无法规。欧洲等地都流传香港玩具不符合欧洲监管标准、不规范且有毒的说法，多少影响了海外的销售，也损害了香港的形象。

当首批香港玩具商兴致勃勃、远涉重洋去纽伦堡参展，渴望了解欧洲市场最新情况时，99%的人被拒之门外，堂而皇之的理由是“地方不够”，实际上白种人担心的是他们参展的产品会被黄种人剽窃。

面对困境，大家努力寻找出路，最后终于将目光聚集在一个停车场。这是属于展方管理，位于展会一幢大楼前面的停车场。

新成立不久的香港贸易发展局与香港玩具企业共渡难关，随团抵达德国的是副总裁邓宁。不肯轻言放弃的贸易发展局，查找了关于国际贸易展会的各种规定。“规定说在空间不足的情况下不能强迫参展。”邓宁回忆说，“但是如果空间足够，展会组织者则有义务接纳，否则将违反国际贸易展会制度的有关规定。”展方没有食言，批准他们可以利用这块空地。

2月的德国，冰天雪地，怎样吸引舒适温暖展厅区的买家和观众，到零下20多摄氏度的户外观赏来自亚洲香港的玩具产品，是一大难题。

都说中国人是聪明的，“三个臭皮匠，抵一个诸葛亮”。

果然，又被贸发局的邓宁及其团队想到了。受非洲巡回之旅的货柜车启发，将拖车的四边打开，就是一个流动的展台，面积约90平米，完全可以照办展览。现在要做的，是将车运到纽伦堡，稍加改装布置。

拖车运送的过程并不顺利，现将《玩具港》书中的描述转载如下：

> 这辆半拖车被装船运往法国马赛，但暴风雨却让船偏离航线到了意大利。试图卸载拖车并驾驶它从意大利出发，横跨欧洲大陆的尝试均以失败告终。“我们比意大利的公路宽了两in。”邓宁回忆说，所以只好继续乘船直到抵达马赛。在那里被粉饰一新的拖车好像一辆巨大的儿童玩具卡车，一路开到了德国。为了制造今天所说的“宣传效应”，它曾在途中的多个重要城市做过停留。
>
> 为了给这间迷你展厅增加新鲜感和当地特色，拖车终于抵达纽伦堡时再次被装饰一新。“集装箱的样子不太好看，所以我给它简单加了一个带烟囱的屋顶，还有烟囱清洁工。”邓宁说：“那个时候德国人认为烟囱清洁工会带来好运。”他们头戴特色高礼帽站在旁边，一边手举钢丝刷一边欢迎着来宾。

外形奇特，独具一格的卡车临时展厅终于布置完毕，万事俱备，只欠东风。

展会开幕的前一天晚上——那是个寒风刺骨的夜晚，金属拖车像一个巨大的冰柜，每个人都尽可能把自己裹在厚厚的衣服里，可还是冻得发抖。颇感意外的是身穿笨重制服的警察突然来检查。

> 似乎有人报警说有一座巨大、看似永久建筑的东西，突然出现在展会某大楼前方的停车场上。“我们说那是辆车。”邓宁说，“于是他们便趴在地上，用电筒照下面。他们在找车轮，所幸我们有几个，否则肯定会被强制关门。”

警察没有找到任何违规的现象，离开了，大家松了一口气！

说德国人故意找碴也好，节外生枝也好，正所谓“黑夜即将过去，黎明即将到来！”

> 香港代表团刚刚跨过了通往业内规模最大且最重要的纽伦堡国际玩具展的最后一道障碍。在此之前，人潮涌动、高不可攀的展厅实际上一直对来自远东的玩具制造业暴发户嗤之以鼻。第二天展览开幕的时候，香港将在历史上记下浓重的一笔。
>
> 1968年香港勇闯纽伦堡已成为玩具业的传奇故事之一。那时香港刚刚熬过被爆炸和骚乱困扰的一

> 年，因此这件事对它来说意义非同小可。作为正在崛起的亚洲“小龙”，香港同样面对各种反对玩具出口的噪声，并常常在国际场合饱受歧视，这主要是由于产品价格高昂的西方玩具厂商担心未来自己会被挤垮。不管他们怎么想方设法提高品质，大家仍然觉得贴有“香港制造”标签的玩具是劣等货。是该让整个世界睁开眼看看香港也能做出优质玩具的时候了，而纽伦堡正是证明这一点的最佳舞台。在冰冷的露天金属展台里，香港玩具上演了自己的处女秀。虽然大家冻得浑身颤抖、喷嚏连连，但在纽伦堡之后，香港便再也不是从前的香港了。

后来听说：“至少有一两百位买家曾驻足欣赏这辆改装的远行拖车。”“香港就像一颗冉冉升起的新星，照亮了纽伦堡的夜空。”“在整个纽伦堡会展场地完成扩建之前，香港的远行拖车一直留在停车场里。1972年，香港终于正式获准参展——多亏了那辆拖车。”

历史不会忘记，德国纽伦堡那个寒冷的夜晚，集装箱“大冰柜”里那个为香港拼搏的团队；还有那辆色泽鲜明、创意十足的拖车展厅，一切将永远被载入香港玩具行业艰苦创业的史册中。

“在纽伦堡首次登场四年后，香港取代日本成为世界领先玩具出口地。”

正如英国诗人所写的：冬天过去了，春天还会远吗？

时代在变迁，世界在进步。在距那拖车岁月42年后，即2010年，同样是在纽伦堡，同样是玩具展览会，还是2月的德国，还是那么寒冷的夜晚，上演的却是另一幕历史剧——林亮被大会邀请作为香港玩具业的贵宾再赴纽伦堡，还特别注明大会负责酒店及当地交通的费用。听说除了林亮，还邀请了其他香港玩具业同行。

在开幕礼的晚上，林亮夫妇是唯一到场的香港贵宾。展会主席郑重地将林亮夫妇介绍给全体宾客。林亮作为香港代表讲了几句简单祝贺的话。

从1965年起，40多年中，林亮平均两三年去一次纽伦堡。几十次的来来往往中，这次最扬眉吐气。

当晚宴结束，夫妇两人回到下榻的酒店后，林亮深有感触地对太太说："不知道当年对我下逐客令的德国人还在不在做玩具生意。如果他能看到今天这个场面，不知他会有何感想。"

2008年，纽伦堡展会主办方与香港贸易发展局公布了一项里程碑式的协定。根据协定内容，前者将于每年1月带领国外参展商和玩具品牌来港参会。

而促成这项协定的牵线与策划人中，有一位正是林亮。

以怨报德的合伙人

身兼多职的林亮每天应接不暇，除了香港的“源兴行”“永和”和“美丽”外，还有台湾的“阜和”与“美禾”，他都要管理。此外，他还在香港的北角秘密持有一间自己独资的小公司。

事情起源于林亮的一位同行朋友，这家小公司原是属于他的。1962年，他意兴阑珊，不想再做生意，因此建议林亮买下。林亮觉得可行，用六万元将其买下，改名为“福来有限公司”，太太梁育吾为法人代表。

其实，林亮对这家小公司另有用心。

林亮的一位何姓老同学，之前一直协助林亮打理“福和”。该人一表人才，英文也好，不足之处是脾气暴躁，不容易与人相处。自从打算借朋友的25万买下“永新”合并为“永和”后，林亮就一直琢磨不知如何安置这位老同学。他很担心何先生能否与他原来的老板相处融洽。

他心里另外一个想法是，一旦“永和”合并后失败，他还可以多一条后路，一举两得。既解决了自己的后顾之忧，又可妥善安排何先生。

两人签了合约，每人月薪定为600元，林亮主管招揽生意和订单，何先生负责管理。林亮还主动提出给何先生20%红股，尽管何先生未出一分钱。林亮派太太的表妹李小姐在“福来”当会计及监督工厂运作，一切似乎都很顺利。然而，人算不如天算——三年后的一天，一张本应令林亮高兴的感谢字条引起了林亮的疑心。

字条是这样写的：“亮哥：日前由何先生手交给我伍百元，公司送给我的津贴费，受之殊深惭愧。本应当面致谢，但因未有机会，谨此致谢。此祝晨安。”下款是李小姐。

何先生动用公司的钱奖励表妹本无可厚非，但他竟未与林亮打声招呼，也未商量就擅自主张，令林亮有少许不悦。再说，500元在当时绝不是个小数目。虽然如此，林亮并未深究，也未过问此事。他想何先生可能是太忙之故，无心之失，仍很信任对方。

渐渐地，又发生了一些事情，才令林亮开始警觉。

碧儿莉莉的订单数额颇大，不仅“永和”接单，“福来”也有订单，服装则统一由“美丽”加工。这期间，何先生瞒着林亮，将本应付给“美丽”的14万元，私下买了房子。业主是他本人，出租的租金他自己落袋。此外，何先生在林亮完全不知情的情况下，将自己的工资由每月600元提升为2500元，林亮仍是每月600元。

还有，有人发现何先生和李小姐关系暧昧。其后，林亮开始收到告密信。林亮要求查账，但何先生借故一次又一次推搪，林亮都不得要领。李小姐也不配合，一拖再拖。林亮察觉到有问题了！虽为表哥，但他对男女之间的事也不便直接开口，只能暗示。林亮有意将表妹调去台北的阜和玩具厂，告知后，李小姐却表态不去。

事情已经十分严重——何先生控制了李小姐和“福来”，架空了林亮。李小姐的肚子已凸起，林亮还被蒙在鼓里，他一直不肯相信也不愿相信他所信任的人背叛了他。

终于，在多封告密信的提醒下，林亮决心明查暗访。他聘请了私家侦探去调查，结果令他大吃一惊——何先生动用公款所购房产不是一处而是四处，其中一所已送给李小姐，作金屋藏娇之用。

最令人震惊的是，何先生还伪造文件，竟擅自将公司的法人代表名字，篡改为他自己的亲戚梁某。仅此一事，已构成刑事罪行。林亮为此大为震怒，决定控告何。何因财失义，两人友情破裂。当何接到法院传票时大感意外，他以为自己的所作所为神不知鬼不觉，林亮还什么都不知道。

事件闹得沸沸扬扬，许多朋友都知道了。何多次托人找林亮和解，林亮不允。他十分痛心何辜负了他的信任。为报答何的付出，林亮主动将给何的20%股份一直加到50%，何可是一分钱都未出过的。还有表妹，为了钱，连做人的道德底线都丢弃了，几十年的亲情毁于一旦。

开庭前的一天，冤家路窄，马路上，两人碰见了。何见到林亮，首先说的第一句话不是道歉，而是乞求。他央求林亮千万不要将此事告诉他在美国读书的儿子，说着说着还掉下了眼泪。

何只有一个独生子，在美国上大学，他交了个很富有的女朋友。女方的父亲是美国非常著名的肯德基和比萨两大快餐店的专利合伙人之一，两人已到谈婚论嫁的阶段，儿子将于近日返香港入大会计公司任职。

林亮望着何，这个曾同窗多年的同学，又怜又气又恨，回答道："你也知道你做的事不光彩，怕儿子知道？我可以答应你，但你也清楚，社会上许多人都知道了。如果有一天你的儿子也知道了，不关我事。"

何因经营这个工厂被林亮推荐加入了香港塑胶业厂商会及港九塑胶制造商联合会，后来还在商会当上了一高职，在当时也算是有头有脸的人物了。一场官司，颜面丢尽。何仍未放弃，继续不停地寻找一个又一个救兵，最后是两人曾经的校长出面调停，在即将开庭前，林亮终于在众人的劝解下，以和为贵，后退一步，撤回了诉讼。

林亮最后以快刀斩乱麻的方式结束了此事。他在这个案件中是个非常吃亏的角色，因很多账目早已不清，并且被何偷偷地销毁、更改。法庭是依事实根据判案，即使林亮仅在第一年收过一次股息，之后再无，但口说无凭，许多事被迫不了了之，无法追究。而关键证人李小姐那时临盆在即，为躲官司，何早已把她送往加拿大，一走了之。

让步的代价是吃亏！林亮无奈之下，只好将工厂半卖半送给何，所有物业的产权对半分，林亮亦很快在案件后将物业权卖掉。

两年后，何又故技重施，又一次令另一位行家上当，最后亦是对方吃亏，不欢而散。那行家事后来找林亮，埋怨他为什么不早点告诉他何的真面目。林亮截住对方的不满，反问他："你当初找何合作的时候，为什么不先问我一声？"对方哑口无言。

俗语说，"平生行善天加福，若是愚顽受祸殃""善恶到头终有报，只争来早与来迟"。人在做，天在看。

大约2006年，何的儿子代表岳父去印尼谈有关快餐的代理权（Franchise）业务，住在Hyatt酒店。一天，他游泳后去酒店发廊洗头，就半躺在那张洗头椅上突然暴毙，当年还不到40岁，留下一个可怜的寡妇及女儿。

何夫妇得知噩耗后悲痛不已，人间又上演了白头人送黑头人的悲剧。又过了大约三四年，何也去找他黄泉下的独子做伴去了。何的工厂最终关门，工人遣散，一切画上句号。

"福来"用人不当的教训，令林亮不再存有幻想。也许吃亏意味着另一种得到：磨炼换来成熟，泪水领略人生。不如意事常有八九，信错人，是一种心痛的失败。从此，他全心全意将精力放在"永和"的生意上。

多年后，林亮经常借用马克·吐温的金句告诫朋友："如果你看到一只又瘦又病的狗而把它养到又肥又白，它不会咬你一口。这就是一只狗和一个人的最大分别。"

风起云涌　重回内地

1972，林亮长女Linda结婚，女婿就是当年“力行”的股东之一陈先生的儿子陈永麟，英文名叫Lawrence，亦是玩具业家族出身。2008—2010年，永麟曾任国际玩具协会副主席，现仍为国际玩具协会关爱基金技术咨询委员会委员。两人青梅竹马，现育有一子一女。

1975年，林亮长子林健锋毕业后，从美国返香港帮忙。

1975年，也是林亮永远难忘的一年，因为那一年林亮的工厂发生了一场大火。

早在1969年，林亮在柴湾投得一块地，经测量、设计规划后，于1975建成一幢12层高的工厂大厦，作为“永和”的总部，即现时柴湾地铁站对面的诚兴大厦的位置，定于1976年1月正式入伙。

1975年12月25日圣诞节，早上9点，位于柴湾祥利街旧“永和公司”，一位因加班而返工的员工进入喷油房时，刚一开灯，电线突然短路，引发一串火花及爆炸，瞬间引起一场大火。员工措手不及，及时躲避并报警。

当时一共出动了20辆消防车，100名消防员，可见火势十分猛烈。

林亮接到消息后，火速飞奔赶到现场。他不断要求消防员对处于中间位置的办公室多多灌水灭火。心急如焚的林亮当时最先想到的，就是希望能尽力抢救文件，日后好向客户、银行交代。

大火足足烧了七个小时到下午4时才被扑灭，不幸中的万幸是无一人伤亡。最值得赞赏的是保险公司，火灾后立即调查了解情况。在短短的19天内，赔偿了95%的损失，令公司得以正常运作。

那时，“永和”新建的总部办公楼从二至六楼，刚刚在12月23日签了出租合约，订金都已收了，正式成交日期是1976年1月1日。

25日这场出人意料的大火之后，公司因火烧及水浸，全厂瘫痪，不能运作，急需立刻搬迁，只能搬入“永和”新总部。

翌日，林亮立即打电话给租户说明情况，并主动提出以高达三倍的价钱赔付并退还定金，希望租户取消租约。谁知几次电话通话、几次求情商量，对方都不肯通融，固执地坚持租用。无奈，林亮唯有另想办法。

元旦这天是香港的公众假期，林亮和他的律师在一筹莫展中，无意发现了早先的临时租约有一处小小的疏忽，而正是这个遗漏的细节成了林亮的救命稻草。

1976年1月1日，林亮在办公室从早上等到下午，等了整整一天，也未等到租户前来签约。1月2日，对方来了，但合约在昨天已失效。租户十分生气，却又无言反驳，当场拂袖而去。连需要退还他的定金，至今都未取回。

香港是依法办事的地方，如果合同中写多一句“若成交日为公众假期即顺延”，便自动延迟一天。不写就等于承认你急着要租用，即使是假日也要签约。林亮说起此事，觉得冥冥之中有神相助，可能这就是命中注定。最后，火灾善后安排得到顺利进行。

火灾是扑灭了，可林亮心里又燃起了另外一股火。

1977年7月，中共十届三中全会召开，决定恢复邓小平中央委员会副主席、国务院副总理等职务。1978年的一天，林亮从收音机里听到第三度上台的邓小平有关“中国特色的社会主义”的发言，确定以经济建设为中心，坚持改革开放，他兴奋得彻夜难眠。

他无时无刻不在等待这一刻的到来，他一直坚信，“内地是一个广阔的天地，在那里是可以大有作为的”。早在1976年，林亮已积极关注内地的情况了。

1976年，香港中华总商会组织京津及东北工业考察团，林亮是团员之一，亦是副团长。

1977年，香港中华总商会又组织赴华东考察团，林亮亦以副团长身份随行。在北京，接待他们的是时任副市长的陈希同。他们受到高规格的接待，考察团被安排搭乘火车，他们那个车厢是指定的，不许其他乘客进入。

阔别内地23年，1976年林先生（拱门左边立者）回内地进行工业考察

1978年，香港中华总商会又办考察团，考察华中和华西地区。

连续三年的考察，林亮感受颇深。虽然中华人民共和国成立快30年了，但所到之处机械设备落后，生产能力低下；产品品质差，大部分产品根本无法在国际市场找到销路；管理模式与国外相差甚远，难以与国际接轨。

每年参加考察团，林亮并不注重接待人员有多热情，招商会议上领导的讲话有多动听，而是很在意地查看机器，哪一年出厂的，所用型号，来自何方。

有一次参观某工厂时，林亮认出有一款设备与他早年创业时所用设备的相同，他熟知该设备的性能。而他早就淘汰不用了，内地却还在用它生产制品，他感到心酸。

不仅工厂破旧、环境恶劣、设备落后，就连他们考察团所住的酒店也差强人意，实在不敢恭维。连续三年入住不同的酒店，给林亮留下了三次难以磨灭的印象。

第一年，是在北京的华侨饭店，那北京当时最好的酒店之一。淋浴时林亮才发现水龙头不是合二为一的混合式而是分开的。一个热得烫人，一个冷得如冰，各司其职。若想洗澡，要借助脸盆或水桶，先接半盆凉水，再入半盆热水，然后自己往身上浇水。

第二年，入住广州的爱群大厦，那是普通百姓进不去的顶尖酒店。早上醒来，林亮发现昨晚放在桌子上的苹果被咬掉一半，原来是有不速之客——老鼠。

第三年是1978年去深圳谈生意，坐颠簸如跳舞的车，尘土飞扬，如黄色泥浆的汗水从颈部流向胸前。乡亲们是热情的，连切开的西瓜都带着温暖，吃到嘴里时西瓜是热的，好像刚从蒸锅里取出来。电冰箱那时还是奢侈品，大部分单位和个人都没有。

不论工厂或酒店，这一幕幕场景深深刺痛了他，向他传达了一个信息——内地一定要改变才有出路，是时候回来做一点事了。

三年考察，令林亮的目标越来越清晰，决心越来越坚定。他想，如果有一天可以用香港的管理模式，配合买入的先进设备，利用内地低廉的人工，一定大有前途。

他将自己的想法讲给家里人听，并表明了自己的打算。谁知话音未落，人人反对。

“难道你忘了‘利民’的教训了吗？千万不要自投罗网。”

“去内地做生意太冒险了，没有保障，要三思而后行。”连“孩之宝”的Alan都忠告他宜三思而后行。

林亮的热情被一盆盆冷水浇得透心凉，但他心底的星星之火并没有熄灭，依旧燃烧着他的激情。他坚持认为，连他都看出来了，中国若不改革是没有出路的，国家领导人不可能不知道目前内地工业的落后状态，有朝一日，他们一定会变革的。

果然不出所料。

1978年的一天，林亮从香港电视中看到这样一幅画面——重新上台主持工作的邓小平到日本一家汽车厂参观，有记者问他有何感想，邓小平回答说：“今天看过之后，我才明白，什么叫现代化！”

没过多久，中央出台“四个现代化”的改革方案，宣布开放政策，颁发来料加工补偿贸易新法规，并指定粤、闽两省为改革开放试行的先行点，落实特殊政策及灵活措施。邓小平还提出“以经济建设为中心，建设有中国特色的社会主义国家”。他的富国理论深入人心，许多港商都跃跃欲试，计划回内地投资。

林亮也有同感，他早就在等这一天了。

这一针强心剂，令他热血沸腾。他坚信“此一时彼一时”，70年代的中国不会再重蹈50年代的覆辙。他下定决心，准备再做一次改革的先驱，回内地投资。

他做出一个惊人的举动——以一美元象征式地将台湾的公司让给台湾的合伙人。

“啊？一美元，卖掉一个工厂？”

“你疯了？”

亲友们不赞同他一意孤行的决定，也完全不理解。

连接管工厂的台湾合伙人都半信半疑：“一美元？是不是真的？”

“没错，就是一美元。”在律师的见证下，他立下协议，签字画押，做足一切法律手续。

他毅然决定以一美元让出了他曾呕心沥血为之奋斗了10年的工厂，告别了美丽的宝岛，准备一心一意回内地投资设厂。

挥一挥衣袖，不带走一片云彩！

当时，太太见他如此决绝，只好让步，但不是无条件的：“好吧，真的要去你自己去，不许带两个儿子走。”一人让一步，他同意了。

1979年4月，此时，上了发条的林亮如同棋盘上的士兵，率先勇敢地向罗湖桥走去，应验了那句“当了过河卒子，只能拼命向前”。

此时，林亮自己心里也明白，再次踏上这条路，要么不走，要走就得一直走到底，没有回头路，亦不能后退。

1980年的林亮父子

这勇敢迈出的一步，与1952年公私合营时被没收工厂，整整相隔了27年。

1979年，是转折的一年，是中国发生翻天覆地变化的一年。

翌年，伴随着商品改革，在经济大门打开的同时，一些新名词也从门缝里如潮水般涌进来，连中共中央的文件上都出现了一个个新词——小康、个体户、下海、停薪留职、万元户、出国留学等等。

1980年5月1日，香港美心集团的伍沾德、伍淑清父女，更是一马当先，注册成为内地第一家中外合资企业，持有的经营执照是001号。

中国要改变了，中国也该改变了。

牛刀小试　东莞开厂

尽管经过三年的连续考察，尽管“下定决心，不怕牺牲，排除万难，去争取胜利”，但林亮并无100%的把握。真正实施时，从何处开始，怎样起步，他仍有些举棋不定。

许多双眼睛都在望着他，太太，孩子们，亲友，同行……他们的期望值很高。一切都要考虑周全，不容有失。

事实上，林亮并没有马上返回家乡投资，而是小心翼翼地选址，绕到了东莞，以25个工人为起点，开了一家“永和玩具厂”。

私底下他真正的想法是，对东莞来说他是外来户，这里没人认识他，一旦失败了就鸣金收兵，即使丢人也没那么显眼。在中国，面子还是尤关重要的。成功了，当然无须赘言，锦上添花。失败了，打道回府，大不了原地踏步，也免去了无颜见江东父老的难堪。

当时内地确实很多方面都不行，所谓的工人其实是“一穷二白”的农民，文化水平低，自身素质差，握锄头的手如今要操作机器，一切都要从头培训，手把手教。

林亮并不气馁，他的指导思想是：“我先教他们如何让自己挣到钱，然后再让他们帮公司挣钱，这是很重要的第一步。”这话乍听有点费解，却带有哲理。如果教了还学不会，公司当然会辞退他再招新工。

六个月之后，投石问路的结果是“踏遍青山人未老，风景这边独好”。

同年底，第二家东莞美丽洋娃娃服装厂又开张了，首批订单来自日本公司——精灵可爱的蒙奇奇（Monchhichi）。

第一次世界大战前后至四五十年代，称霸世界玩具业的是日本。到了六七十年代，随着香港老一辈工业家的勤奋摸索，世界玩具业的重心转向香港。七十年代末，因为改革开放，在玩具业的生产上，香港让路给了拥有廉价劳动力的内地。

形势就是如此咄咄逼人地变化着，随着成本不断升高，现在内地的轻工业处境在变化中，越南和印度正在试图取代中国内地，下一棒接力的是哪个竞争对手呢？再下一个呢？再下下一个呢？谁知道？

当年在这一片大好的国际形势下，又赶上改革开放初期，使得敢于吃螃蟹的林亮，连开的两家工厂双双报捷——订单不断，利润理想，人员安定，政策优惠，真的验证了“天时、地利、人和”的成用要诀。

初试的成功，使林亮消除了顾虑，他再也按捺不住，要回家乡显身手了。

1982年，“孩之宝”授权“永和”在南海盐步设厂为他们生产玩具。同年10月6日，林亮在自己的家乡盐步镇东秀村，创办了含42名员工的当地第一家玩具厂。

林亮深知，工厂易建，人才难寻。为建成这个厂，他亲自物色了四个人，每个人背后都有一个故事。林亮第一个要找的人，就是他的老同学陈伯玉。

自50年代初公私合营，“利民塑胶厂”变成“广州市第四塑料厂”之后，林亮25年来，未踏足内地半步。工厂收归公有时，林亮被定性为“资本家”，当“资本家”遇到工人阶级，那斗争一定少不了。自己无谓招惹这种麻烦。

因此林亮与陈伯玉也再无来往，连书信都省了，怕给陈伯玉招来无妄之灾，当时说你有海外关系算是好听的，扣你一顶“里通外国”的帽子，恐怕伯玉就要一辈子扫厕所了。大约在工厂刚被没收初期，伯玉与几个还留在工厂的伙计拍了一张合照，辗转设法交给林亮作为留念，这照片至今还保存完好。

进不去，出不来，这是那时中国见怪不怪的真实情况。一直到1978年改革开放，一切才改变。

寻人启事发出去很久了，也没有关于陈伯玉的准确消息。林亮等不及了，干脆专程直闯广州去碰运气。

站在“广州第四塑料厂”招牌前，林亮心中别有一番滋味。曾经，这是他的工厂。

抬起脚，他刚想进去，被门口收发室的人粗声喝止：“站住，干什么的你？”

那凌厉而又凶狠的声调，吓了林亮一跳，他停下来：“我找人。”

“找人？”门卫上下打量他一番，“找谁？”

林亮报了名字，又抬腿想往厂里走。

“站住！你给我站住！”门卫高亢的声音又高了八度，“谁让你进了？去，一边站着去。”他挥着手说，好像在赶走一只猫。

林亮愣住了：“师傅，站在这儿怎么找人呢？”

那年月，国内还不流行叫先生，都要叫师傅，表示他高你一头，你是他徒弟。

“你在这儿等啊，等他下班经过这儿，你不就找到他了。”门卫说完，进收发室了。

林亮有些着急地说：“可是，师傅，我还不知道他是不是在这个厂。”

“那也不能进。”门卫不友善地说，“让你等，你就在这儿等，不等你就走远点，哪儿凉快哪儿去。”门卫说完不再理他。

7月的广州正是三伏天，下午2点，能热死人的。

大老远跑来，一无所获回去？哪怕找不到伯玉，碰到从前的旧伙计问清楚也好，他决定等下去。

凳子欠奉，水更没有一口。毫无办法，林亮只能汗流浃背地站在厂门口干等，这一等便是三个半小时。

5点半，工厂放工了。铃声响过，大门徐徐打开，一群群人从门口涌出来。林亮个子矮，唯恐错过，踮起脚张望。脚都站酸了，身上又热又湿，嗓子又干又渴。一拨一拨的人群走出来，散开去。

终于，他看到一个熟悉的身影。“伯玉，伯玉！”林亮大声叫喊着冲进人群。

毫无思想准备的陈伯玉见到林亮，又惊又喜。两个人紧紧拥抱在一起！20多年不见，无论谁见到谁，眼眶都是湿的，心里都是热的。虽说男儿有泪不轻弹，可此刻，谁也控制不住。太久的思念，太多的话语，都凝聚在这一刻的泪水里，林亮就这样找到了陈伯玉。

当晚，林亮请陈伯玉去华侨大厦，打算好好一起吃顿饭，叙叙旧。

谁也想不到，在大门口，陈伯玉竟然被门卫挡在门外不

与林亮有着患难真情的陈伯玉

许进。

“为什么？”林亮不解地问。

“对不起，这里只有‘外宾’可以进。”门卫说。

“我请他来的，也不可以进吗？”林亮还在努力说服对方。

“不可以。”门卫冰冷又坚定的口吻让林亮十分尴尬，怎么说也不放行。

无奈之下，林亮只好让伯玉在门口等他一会儿，他自己进去，用外汇券买了菜和饭，装盒打包拎出来，让伯玉自己带回家吃。

政府声声“改革开放”，但改革刚抬起脚，正待迈出去，开放则“犹抱琵琶半遮面”，羞答答地尚未开始。

一扇半开的门，隔开了这对苦难兄弟。随着改革开放逐步深入，此种情况亦渐渐改善，后来就不复存在了。“当年即使是用外汇券，餐厅的可口可乐也只允许卖给外国人（当年被视为外宾的港澳台同胞也可买），你付外汇券买给内地的朋友喝都不行。”林亮回忆说。

那年，陈伯玉已经近60了，他跟着林亮，一直在公司做到81岁退休。临退休前，林亮让公司帮他买了一套房子，令他晚年有一个舒适安逸的家。陈伯玉的忠心和认真，令林亮至今不舍。2007年，陈伯玉因病离世。

除了陈伯玉是林亮自己找回来的，其他人员都是应聘加入公司的。经当地政府推荐介绍，公司又选中了一批人员。其中三个经面试后，由林亮拍板决定聘用：一个是兽医；一个是

“行李头”，即在火车站专帮人挑重行李的挑夫头领；还有一个农民。单看他们以前的工作，就猜出他们一定是玩具门外汉了，对生产完全不懂，对技术一窍不通。

当时的东秀乡一穷二白，所谓的厂房不过是烂屋一间。丢空的大礼堂破烂不堪，空空荡荡，走进去连起码的灯、风扇也没有。礼堂的正中央挂着一幅残旧的毛主席画像，画像两旁，一道极不协调的白灰覆盖了墙上的历史印记，若隐若现中，还看得出字体的痕迹，左边是“大海航行靠舵手”，右边是“干革命靠毛泽东思想”。

伟人微笑地望着每一个注视他的人，包括林亮这个年近六旬的香港人。

虽然家乡的落后已在林亮的预料之内，但看到眼前的一切，他还是有少许诧异。不管怎样，他都做好了准备。这一切对他来说都是一种动力，一种激励他向前冲、向高攀的动力。

在东莞的成功并不保证在家乡一定取胜，有些事可以事先计算，如价钱、重量；有些则永远不可能预知。但这种胜利的兴奋感是独一无二的，尝过之后便不会忘记。不仅仅如此，还有更重要的使命感。这促使他一而再，再而三地不断尝试，追求更高层次的目标。林亮觉得自己有一份责任，要把家乡这破旧不堪的旧礼堂，改建成可以为孩子们带来快乐的园地。

正所谓“世上无难事，只要肯登攀”，在当地党组织和政府的支援下，双方真诚合作，把厂开了起来。

林亮每周从香港往返盐步东秀厂两次，手把手示范，以身作则教导他们。不仅教他们如何做玩具，更引导他们怎样做人，怎样与客户打交道，怎样守信用做生意等等。林亮从不因他们是兽医、挑夫或农民而看轻他们，他以自身经历鼓励他们建立自信，坚信知识改变命运，从而感染对方。

被任命为经理的陈伯玉耐心且认真地教每一个人，循序渐进，头头是道。他脾气温和至极，从不发火，让这些门外汉从不会到会。

最后，他们三个都被委以重任——当过兽医的阿锐当上了厂长，而且从一而终，一干就是30年，直至退休；“行李头”阿俭统筹生产；曾当农民的老实人阿罗负责管理女工。

正如林亮时常挂在嘴边的话：“若想他人助己，先要舍己助他。”舍得付出自己培育他人的回报，是东秀的一切开始走向正轨。

成功又一次降临，在家乡啼音初试的结果是——全线报捷！

接下来的三年中，“永和”不断扩充厂房，生产量不断上升，年年为南海创造出巨额外汇。当年由42个工人开始的东秀厂，三年后已有近400人，几乎翻了九倍。

由于劳动力集中，工厂每天下班都似一道风景线。

时间一到，工人们蜂拥而出，狭窄的道路上人车互争，几十辆摩托车一轰而起，车上经常坐着不止一个人。情侣档的多半是男士开车，女的坐后。情人柔软的双手在男士腰间一搂，男的立刻精神抖擞，一天的疲劳马上飞到九霄云外。“家庭号”摩托车如杂技班一样，又背又抱，竟可坐多至四人。虽说违反交通规则，但乡间小路上哪里会有巡视警察？每

20世纪90年代，南海永好玩具有限公司开业

天小心翼翼往返，倒也自得其乐。其他母子车、姊妹车、兄弟车等，令原本安静、荒僻的小路上载满温馨与笑语。

乡政府也看准商机，就地搭起一座简易农贸市场。蔬菜、水果、杂粮，活的、死的，鸡、鸭、牛、羊、猪、鱼、蛋，应有尽有。每天人群熙攘，鸡飞鹅叫虾蹦跳，好一幅热闹景象。市场的人流高峰时段是工厂午休和放工。

更有有心人仅带一个板凳，背一套用具，就在大棚开张做无本生意——理发。很快，有样学样，配钥匙的、补鞋的、修雨伞的、托儿、美容、裁剪、修配手机等各行各业，如雨后春笋般涌现出来。

三年，短短的三年，东秀完全变了模样，42人的小厂最

祖籍佛山南海的林先生，被授予“佛山市荣誉市民”

后带来不止4200万元的经济效益。从1982年起，因“永和”在那里投资设厂，东秀由赤贫一跃成为全乡最富有的一个村。东秀几年内旧貌变新颜，人们生活不断改善，过上了好日子。

中国变形金刚之父

1984年1月，被誉为改革开放总设计师的邓小平视察深圳，随后中共中央及国务院正式批准开放上海、天津、大连等14个沿海港口工业城市，加大开放力度。

同年12月19日，《中英联合声明》签订。声明指出，香港回归是全中国人民的共同愿望，中华人民共和国中央政府决定于1997年7月1日对香港恢复行使主权。

这一切，对所有香港人而言，尤其是跃跃欲试的林亮，无疑是一针兴奋剂。

当时的林亮已不是一个小老板，而是一个名副其实的企业家了。从1983年起，连续七年，以每年在当地建一个新工厂的速度，到2000年，他已拥有包括泰国工厂在内的八家工厂。

林亮的首任太太梁育吾，一直在背后默默支持丈夫。她为人善良，温文尔雅，沉默寡言，作风低调，是三个孩子的母亲。她是林亮在乡下一无所有时嫁给他的，经过几十年的努力，有屋、有车，可以享福了，但她仍不辞辛劳跟随丈夫，协助丈夫处理公司业务。尽管身体一直不太好。

1985年3月31日，星期日，那是林亮永远永远都不会忘记的一天。

与往常一样，起床后，林亮和儿子约好，9点去利园酒店与美国商人洽谈合作新公司一事。出门时，太太曾吩咐："这两天有点不舒服，你们回家时如果我还睡着，先别叫醒我，我想多睡一会儿。"由于太太有言在先，故林亮一直不以为意。

午饭时间，林亮曾蹑手蹑脚入房看过太太，她仍在安睡。直至下午4时许，还不见太太起床，再入卧房欲唤醒她时，才惊觉太太早已没有了呼吸，静悄悄离开了他们。

全家大惊失色，急忙找家庭医生，叫救护车，送医院抢

人到中年仍意气风发的林亮与第一任太太

救。一切都为时过晚。医院诊断——心脏病。

太太突然离世，对林亮打击极大，他陷入了前所未有的低谷。

4月中旬，太太去世后不足半个月，“孩之宝”的总裁Alan从美国经香港，打算去内地视察林亮的工厂。

家逢白事，他心绪低落，Alan十分理解且同情林亮。尽管Alan婉言相劝，但林亮还是决定放下一切，亲自陪Alan走一趟。他考虑的是，Alan来一次不容易，他珍惜这个机会。

在广州，当时的广东省省长朱森林接见了他们。

早在1964年，因在香港为士兵玩偶G. I. Joe的配件及服饰做加工，林亮就与“孩之宝”打交道了。

这次，在直通车上，林亮暂时放下沉重的心情，把握机会，以自己的分析判断，审时度势，积极向洋人推销内地市场。近两小时的车程，林亮讲了一路，他鼓励并怂恿“孩之宝”进军内地。

Alan认真听取了林亮的见解后，对内地市场这块大蛋糕十分感兴趣。他答应林亮，回国后好好与同僚们研究一下在中国内地拓展市场的课题。

Alan回国后不久，就给林亮了一个回复——美方并不抗拒与中国内地建立良好的生意伙伴关系，但要在中国内地投资，全体董事会成员一致反对，仅有一票赞成，就是Alan本人。

美方很坦诚地告知他们的担心：一是担心被仿冒，二是担心货卖出后收账困难。

摩拳擦掌的林亮遭遇“滑铁卢”，他的雄心大计被搁浅。

改革需要时间，改革亦需要耐心。

时间过得飞快，一年后，1986年夏天，“孩之宝”全世界各地的主要代表约20人，云集香港召开国际会议。Alan事先已告知林亮，将在会议期间特别安排一点时间给他发言。

林亮为这次发言精心准备了三个月。先是中文起草，之后又译成英文，又请名牌大学教授帮助斟酌用词，多次修改。在字里行间，透露出他高瞻远瞩的期盼，在中英双语中，显现出他无畏无惧的执着。

对他来说，这是一场硬仗。

他很早就意识到，做玩具仅有色彩是不够的，没有理想，就没有激情。改革开放初期，是一段激情燃烧的岁月。

1984年10月，中国共产党十二届三中全会发表《中共中央关于经济体制改革的决定》，标志着城市改革的开始，并在1985年全面展开。

在Alan的鼎力支援下，林亮单枪匹马上阵。一种历史的使命感和对事业的热忱呼唤着他。他在心里暗下决定——不管游说工作如何艰难，他都要尽全力去争取这次难得的机会。

站在麦克风前，林亮深吸了一口气，面对来自全球的“孩之宝”精英，或者说面对手握生杀大权的地区决策者们，林亮一点也不胆怯。他全程用英文细致耐心地讲解中国特有的“计划生育政策”、改革面临的形势，剖析自身的经历以及为什么要在中国内地开拓市场，它的前景，如何起步及利大还是弊大等等。

台上讲得滔滔不绝，口若悬河，台下听得聚精会神，津津有味。不知不觉，一讲就是半个小时，超出了预定的时间。

讲完后，掌声响起。结果如何，尚待揭晓。

翌日早上，Alan约林亮共进早餐。一见面，他就告诉林亮一个惊人的消息——他的演讲引起了很大的反响。所有人员连夜讨论，关于是否在中国内地投资一事。会议最后结果是——全体一致赞成通过。林亮一番动之以情、晓之以理的表述，打动了所有人。

正如《成为香奈儿》传记里的一句话，有时“仅凭一个人的力量，就可以撼动旧秩序”。这一个人，可能是林亮，也可能是美方Alan。

总之林亮兴奋至极，他用自己的执着和意志，打赢了这场为时一年的争执战。事实证明，林亮的预测是正确的，若干年后的今天，他们已创造出“三赢”局面。

说干就干，打铁趁热——他建议先从日本玩具商Takara设计的变形金刚入手，率先打入内地市场。

1986年，注定又是令林亮无法忘记的一年。

广州，富丽堂皇的花园酒店，亦是当年最豪华的五星级酒店之一。林亮代表美国“孩之宝”公司在此举行新产品发布会，招待来自内地的玩具批发商和各大百货公司代表。他的名片上印着的职衔是“孩之宝高级顾问”。

发布会上，林亮展示了“孩之宝”的最新产品，美方的意图是测试市场反应。他们对这块神秘国土上的东方人，尤其是儿童，还摸不着头脑，也不了解这边的喜好厌恶。

每一款产品都附有详细的中英文介绍及现场展示。结

“变形金刚之父”林先生

果，几乎是压倒性的一致意见——三分之二的与会者都选中了变形金刚，英文是“Transformer”。

1987年，在林亮积极倡议及牵引下，“孩之宝”与永和实业有限公司及盐步镇政府三方联合，成立了“永南玩具制品有限公司”，在盐步设厂，生产变形金刚。

这期间，变形金刚的动画片在中国的许多大城市——广州、上海、北京等的电视台已播放了整整半年。虽然改革开放已经开始，但那时的中国还处于开放的萌芽状态。媒体的介入，令闭塞的中国打开了一扇窗。

最先令中国人，尤其是年轻人看到的是电视中展示的一切——原来被称作“纸老虎”的美国，生活是如此多姿多彩，如此美好。大多数人都拥有自己的汽车、洋房，月亮都比中国的圆。连一个小小的玩具都带着“魔法”，中国人着迷了。

1988年8月，“孩之宝”将变形金刚推出市场。

它一出现，就引发了“地震”冲击波。

在荧屏上，孩子们看到，明明是一个机械人转眼就变成了一辆汽车；原本是一种动物，三扭两转就变成了一架飞机……诸如此类的千奇百怪的变化，无不令孩子们欢呼雀跃，兴奋莫名，大呼过瘾。

这神奇的玩具来自何方？又在何处可以买到？这种热切的期盼，惊喜加焦急的热情，像地底下蕴藏的岩浆，在封闭了多年的中国内地贫瘠的土地上，一旦释放，就如火山迸发般地

1988年，永和、孩之宝及盐步经济发展公司在广州合资成立永南公司，生产并在全中国销售变形金刚”

喷射出来，挡也挡不住。

在上海华联商厦和第一百货柜台前，用“疯狂”两字来形容上市的第一天绝不为过。在上海华联商厦，柜台被蜂拥而至的顾客挤得玻璃粉碎，规定每人限购两个“金刚”，半小时内竟卖出了2000余个。大厅里拥挤不堪，商厦不得已停止销售，为滞留的1200名顾客办理了预约供应登记，方才化险为夷。

在北京王府井玩具娱乐品商场，仅展销四五个“金刚”品种，几天时间零售额即达80多万元，从来没有哪种玩具这样畅销。在广州，从1988年夏天开始，国营商场或个体摊档的柜台前，经常挤满了选购“变形金刚”的孩子和家长。几乎所有男孩都拥有“变形金刚”，不少孩子拥有几个、十几个甚至几十个。

似乎是一夜之间，这种可以变化多端的“怪物”玩具就

变形金刚售卖一空

走进了千家万户。

中国的孩子们从前一直玩的都是陈旧过时的毛绒玩具、迷你车、洋娃娃等，突然一下子看到一个如此高科技，如魔术般的合成品，犹如一个沙漠中饥渴的人遇到清泉一样，不由自主会产生一种按捺不住的兴奋，每个孩子都想拥有不止一个属于自己的变形金刚。

毕竟是孩子，儿童的自控能力远不如大人。神奇的玩具一旦到手，会令他们如痴如醉，爱不释手。即使是在课堂上，都把持不住自己，在课桌下偷玩；有的孩子连半夜做梦都大叫“变形”，而乘法口诀却记不住；有的学生因太着迷而学习成绩下降，社会舆论开始有些不利于变形金刚。

变形金刚推出才三个月，已销售近100万个，销售额超过1100多万元，获得了出人意料的空前成功。

孩子们着迷，家长荷包变空，市场被冲击，有些地方出现失控，引起社会关注。

1988年12月15日，广州《信息时报》刊出一篇名为《“变形金刚”闹得孩子如痴如狂》的报道，以下是全文：

一种叫作“变形金刚”的塑料变形玩具突然“从天而降”，在中国孩子的手中展开令人眼花缭乱的玩乐。近期在羊城，这种全新的玩具把许多孩子“玩弄”得神魂颠倒，如醉如痴。家长、老师和儿童专家开始感到不安，不得不对“儿童的天使”——玩具，提出了新的看法。

“变形金刚”是美国孩之宝玩具公司推出的融科学幻想于儿童游乐之中的一种新型玩具，它能极其巧妙地组成“机器人”“现代运载工具”“飞行器”，既形象生动，又富于想象力。今年9月，中国总代理——白云山玩具有限公司将这种玩具投放市场，并同时在电视上播放促进推销的同名电视动画片后，在一些地方立刻掀起抢购狂潮。上海一家商场第一天展销这种玩具，刚一开门，便被顾客挤破了柜台，以至商场经理不得不紧急赶到现场维持秩序。在广州，销售点档随处可见。短短两三个月近百万个变形金刚就到了孩子的手上。经销商透露，变形金刚的销售值目前已达1100多万元，计划近期再投放一批新品种及其系列玩具，估计明年销售值可能接近1亿元。

广州市有关部门估计，荔湾区七成以上小学生拥有变形金刚，一至五年级几乎全部“普及”。东山区的重点小学广铁一小则有36.8%的学生“玩得比较疯狂”。据反映，许多孩子玩变形金刚已达到走火入魔的程度，导致了一系列消极后果。一是影响了正常的课堂秩序，不少学生把变形金刚带到学校来，课余玩不够，上课时还在课桌内、衫裤袋里随手摆弄。荔湾区一所小学一年级老师在课堂上“没收”的变形金刚达几十个，最后不得不下令禁止带这种玩具到学校玩。二是助长了不少学生的攀比心理。有所小学一年级三个班几乎全部男生每人拥有

10个以上变形金刚，其中一个学生竟有50个之多，价值近2000元。他们迫着家长购买，以达到多多益善的目的。变形金刚玩具价格从10元到100多元，弄得家长大叫“腰包变形”。三是为得到更多的变形金刚，出现了一些不良行为。四是造成一些学生学习成绩下降。某小学有个学生还迷得痴痴呆呆，吓得家长慌忙带去看心理医生。

对孩子玩这种玩具带来的一些不良后果，许多老师和家长都忧心忡忡，不知如何是好。

广东省青少年研究所所长曹南才对这个问题谈了看法：儿童商品除了其商品属性之外，还有其特殊影响。由于儿童心理承受能力很脆弱，因而对儿童商品的社会效益，厂商应该多多考虑。他建议有关部门在某一局部范围内采取一定措施，适当加以引导。

几天后，广州《羊城晚报》刊出的一篇名为《“变形金刚”的冲击》的报道，全文如下：

谁也没料到，一种既是机器人，又可以变成汽车、飞机、动物的塑料玩具——“变形金刚”，一时间竟然风靡广州。

从今年夏天开始，广州的国营商场或个体摊档的柜台前，经常挤满了选购“变形金刚”的孩子和家长，一些学校附近的小摊档，干脆转行专营“变形金刚”。

在记者调查的一所小学，几乎所有男孩都迷上了这种玩具，其中最多的拥有33个，价值600多元！

一位母亲本想借此启迪儿子的智力，买了所有的“变形金刚”。谁知孩子终日沉迷其中，学习成绩直线下降，当母亲的后悔莫及。

繁多的品种、昂贵的售价与孩子们的经济能力形成难以弥合的落差。于是，有的学生结伙在校外抢低年级同学的钱或“变形金刚”；有的孩子要挟父母，不买“变形金刚”便不做作业，甚至考试不及格。广铁一小一个五年级的学生，偷偷配制了父母房间的钥匙，拿走了数百元去买“变形金刚”。另一名学生在欲购无力的情况下，竟一下子偷了10多家商店十数个“变形金刚”……

这种魅力惊人的“怪物”究竟从何而来？

“变形金刚”是世界最大的玩具制造商——美国孩之宝公司于1986年在中国生产的。为了推销这种新玩具，该公司摄制了一部同名电视动画片，实质是一部集科学与荒诞于一身的广告片。我国一些城市电视台从今年开始，以每天播出该公司的广告为代价，取得了这部动画片的免费播映权。随后，“变形金刚”迅速进入广州、上海等地市场。据国内总经销商——广州白云山玩具有限公司透露，自今年8月开始在广州推出“变形金刚”以来，上市仅30

个品种（“变形金刚”共有300种），目前已售出67万多个，销售额达1100多万元。

这家公司的批发价最低每个8.9元，最高75元，但市场零售价一般都翻了一两番，最少也涨了50%。

应当承认，这种玩具的推销方式是成功的，构思新奇、制作精巧的玩具，与动画片的剧情相结合，对孩子们确有吸引力。但它也给家庭、学校、社会带来新的冲击波。家长们抱怨：这么昂贵的玩具使“荷包变形”。教师们说：这些“怪物”使课堂秩序“变形”。有的社会工作者则认为：这股“变形金刚”热给我们固有的儿童玩具的设计、生产、销售带来新的启迪，也给我们几十年一贯制的儿童课外活动带来新的思索……

记者认为，对“变形金刚”热当然无须大惊小怪，然而，联想到这十年来，阿童木、一休、米老鼠，以及桌球、电子游戏机等在少年儿童中引起的阵阵狂热，再把它们放到整个社会大背景下进行探讨，也许可以给人一点有益的启发吧。

这期间，在南海盐步“永南”门口，有一幅奇景——工厂大门口，整天被一大群人包围着，男女老少都有。每个人手提箱里、手袋或背包内，全是大叠大叠的现金。所有人的要求只有一个——求高价入货。

不管什么价位，只要能拿到货，人们愿意多付钱。

从封闭到开放，从只能眼看到可亲手把玩，这个鲤鱼跳龙门跳得太高了，高到竟上了国务院会议的议事日程。

仅是作为一件小孩子手里的玩具，不但引起社会大讨论，还要国务院专门为此召开会议决定其命运，在中国的玩具史上至今尚无第二例。

到底对变形金刚这款玩具说“Yes”还是“No”？上面竟也是两种针锋相对的意见。

1989年2月，以胡德华为首的20位全国人大代表建议停播“变形金刚”，认为它“思想内容荒谬，宣传好战，对下一代有毒害作用”。同时，还认为“变形金刚”价格昂贵，画册印数巨大，电视播放时间影响孩子吃饭，超越了中国普通家庭的承受能力，并据此提出停播的呼叫。

支持派的观点认为，这是一种全新的高科技玩具，它启发孩子的智力，将科学幻想与现实融合一体，既生动形象，又富于想象力，是有利于儿童成长的益智伙伴。

两种意见争执不休，引起全民大讨论。

胡德华等人的意见发表后，立刻遭到广大群众的反对。上海《新民晚报》首先发表署名文章评述，北京电视台在听取不同意见后，表示要继续播影。国务院为此召开会议，专门讨论，最后决定不停播。

由一种小小的玩具引发的“地震”冲击波，竟然冲进了中南海，这不能不算是一个奇迹。

然而，舆论归舆论，销售归销售。在社会不断的争议中，变形金刚的利润也在持续不断地年年增长。

“永南”的工厂门口，人龙依旧。

望着每天被保安人员拦在门外的长长队伍，林亮不为所动。他吩咐手下，不管什么人，不管给多少钱，要货者请一律与内地总经销商——“广州白云山鹏利玩具有限公司”联系。

做生意要讲诚信，做人要讲信用，不可以见利忘义。

他做出规定——不管是领导还是亲戚，不管价钱多少，一概不许从厂里取货。若发现有违规者，一律重罚甚至开除。

林亮“诚、信、勤”三个字的金招牌，就是这样一次次在风雨中擦亮，一次次在诱惑中屹立不倒。几十年来，他坚持原则，引导公司按章办事，杜绝台底交易，连续多年，公司被评为先进企业。

继变形金刚一代、二代之后，“孩之宝”又推出了特种部队、玩具战士、战车和培乐多优质彩泥等系列。

每当谈及变形金刚，林亮都深有感触。面对记者的多方采访，他认为，与其说是他协助“孩之宝”打响了变形金刚这一仗，不如说是时代造就了变形金刚的成功，这里面包含了诸多因素。

首先是大形势，变形金刚冲击了当时贫乏单调的玩具市场，为中国玩具界带来了新观念，这是中国儿童的福音。其二是变化无穷，适合孩子的好奇心理。三是电视卡通片连续剧的播出，在视觉上，已先入为主地给孩子们留下了印象。

此外，林亮认为变形金刚最成功之处不在于销售了多少个，赚了多少钱，而是通过这一尝试，建立了一个品牌。早先在中国并不为许多人识的“孩之宝”，因变形金刚声名鹊起。Hasbro——孩之宝，这个十分贴切又非常准确、入耳的中文译名，像“奔驰”这个著名品牌一样，已深深烙进中国父母的脑海里。

事实上，变形金刚被引进中国内地，造就了五赢局面：一是中国内地孩子大开眼界，同时亦拥有了新颖的具有国际水准的玩具。二是美国在中国内地打响了一个品牌，并以此占领了一部分市场。三是变形金刚的成功吸引了日本及欧洲诸国的注意，他们也想来中国内地分一块蛋糕，扩大了中国内地的影响力。四是制造商通过加工、制作赚到利润，亦给国家创造外汇。五是确实为当地相当一部分人解决了就业问题，化解社会矛盾。

在变形金刚大红大紫的火爆年代，有两个与之有关联的小插曲不能不写出来。

林亮在变形金刚生产车间里

大约是1990年，有一天，林亮接到一封四川来信。

信件是用毛笔写的，字体工整、漂亮。写信人是四川山区一个穷乡僻壤的老师兼校长。他在信中提到，是从报纸上看到的林亮通信地址，于是试着写这封信，还不知林亮能否收到。他恳求林亮可否将一部分变形金刚发包给他的学生们加工，因学校位于山区，实在太穷。他一个人教40个学生，自己身体还不好，患有多种慢性病。但为了孩子有书念，他每天带病给孩子们上课，希望借这股“变形金刚”热能给学校带来少许改善。

读过信之后，林亮很快回了信。他在信中说明，变形金刚是国际品牌，技术要求高，品质检查严，不是随便就可以发包出去给外人加工的。既然老师身体有恙，他个人资助老师1000元，买些补品先把身体养好，其他的，以后情况允许了再说。

老师很快回了信，依然是一纸秀丽的毛笔字，这次还附有一张照片。

> 寄来的1000元钱收到了，十分感激善心人的善举。我自己留下300元，看大夫治病，余下的700元买了台黑白的电视机，当教具，让孩子们可以看到外面的世界，长长见识。

照片上，一群面带稚气的孩子与他们的老师站在一起。

插曲之二，大约是1989或1990年，林亮与美国朋友Sam同去桂林旅游。在一个旅游点，看见有一个卖画的小店，两人走了进去。Sam颇有兴趣，东张西望，最后看中一幅较大的“红梅花开”国画，标价5000元，3000元成交。

林亮在等候Sam时，不期然看中了一幅小的国画，售价约3000元。店主一边给国画包装，一边与林亮闲谈。当他无意中得知林亮是变形金刚玩具的生产商时，马上主动开口说：“这幅画我不收你钱了，你给我变形金刚，我们交换。”

林亮听罢也无异议，你情我愿，皆大欢喜。但当时林亮手中并无任何变形金刚玩具，作为游客，他也很快会离开桂林。

店主让林亮留下一张名片，仅仅是一张名片，无任何法律效用，也无任何价值。店主仅仅凭着一面之交的互信，居然就让他先拿走了那幅画。

听起来似乎有点像天方夜谭，但事实的确如此。那幅画至今仍在家中。

回香港后，林亮马上让秘书按照地址寄去了五个变形金刚。他与卖画者各得其所。

可见当时变形金刚的魅力及吸引力有多大，亦可见出当年人心的古朴及社会风气仍存有道德底线。

从1988年到1994年，变形金刚红火了六年，而林亮也因此被人们尊称为“中国变形金刚之父”。

可以毫不夸张地说，变形金刚养育了两代人。

一代是仿冒变形金刚的制造者。从始至终，只有“南海永南玩具有限公司”是“孩之宝”在中国内地唯一指定的合资生产商。但据不完全统计，全国有两千多家小厂及个体户在生产变形金刚，尤其在江浙一带，仿制变形金刚的小工厂遍地开花。“孩之宝”也知道这种现象普遍存在，但鉴于中国内地地域广阔，打不尽，抓不绝，的确是“野火烧不尽，春风吹又生”。最后只有放弃。故在1994年之后，由于变形金刚的知识产权未受到应有的保护，假冒伪劣产品充斥市场，严重影响了“孩之宝”的声誉及正品销售，变形金刚宣布停产。

另一代是玩变形金刚长大的80后及90后。

在中国，几乎无人不知变形金刚，尤其20世纪80年代末，90%以上的孩子玩过变形金刚。即使是2000年以后出生的孩子，对变形金刚也绝不陌生。

2006年，美国好莱坞开始拍摄电影《变形金刚》。时隔20年中国的金刚迷们终于有机会重温经典。这是一部真人与电脑合成的作品，擎天柱、威震天、红蜘蛛……这些让生于20世纪80年代的人津津乐道的动漫人物出现在了大银幕上！在变形金刚来到中国20年后，斯皮尔伯格决定将该片搬上大银幕。媒体又开始大造舆论了，因为这是好莱坞的大片。

据当时的内地报章报道：“这位导演由制片人斯皮尔伯格钦点，他曾执导过《石破天惊》《珍珠港》等片，名噪一时。而此次的《变形金刚》编剧组合是罗伯托·欧奇和亚历山大·库兹曼，他们的作品包括《佐罗传奇》《碟中谍3》等，两人在好莱坞相当抢手。”

2007年6月，电影《变形金刚》一上映，就卖了个满堂红，全球大收7.1亿美元。接着，电影公司又开拍《变形金刚II》和《变形金刚III》，票房均极为可观。

人们一直没有忘记变形金刚。很多50后、60后的一代人成家立业后，做出的第一件事，就是拿着第一次发的工资，到专卖柜台买一个正版的变形金刚。

报章的一段短文可反映当时的情况：

变形金刚珍藏童年

20世纪80年代，变形金刚来到中国，一经播放便引起了轰动。

那个时代，满街都有孩子在跑动中用嘴巴发出“咕吱”的变形声。很快，变形金刚的玩具就率先从香港通过私人途径流入内地。那一年，我跟随父亲移居上海，第一次见到变形金刚便惊为天人。

为了迎合这股热潮，似乎当时还有很多诸如文具厂之类的商家纷纷将圆珠笔和铅笔盒设计成变形金刚状，甚至还一度引发了“娱乐文具是否适合中小学生”的社会话题。知道今天这种热潮依然在很多爱好者中延续。不少那个时代的孩子走上工作岗位赚到工资后，花出的第一笔“大钱”就是去买一个儿时家里买不起的正版变形金刚。

2009年，变形金刚系列电影又风靡全球。暑假档期，美国派拉蒙影业公司旗下梦工厂出品的《变形金刚II》和派拉蒙《义勇群英：毒蛇风暴》亦在中国争抢滩。

2010年，变形金刚博览会首次在上海举行，展出达几层楼高的“大黄蜂”令变形金刚粉丝们欣喜若狂。（大黄蜂是动漫作品《变形金刚》的主要角色之一）

2011年，《铁甲奇侠I》上演，大获全胜。

2012年，美国大片Iron Man（香港译作《铁甲奇兵》，内地译作《钢铁侠》）上演，满堂喝彩。

2013年，《铁甲奇侠3》在香港上映才一周，票房已过5700万港元。《铁甲奇侠3》令香港再掀起另一波变形金刚热潮，那时在香港的报章上或广告板上，到处可以见到很受瞩目的关于变形金刚的大型广告。《晴报》2013年7月9日刊载了题为《变形金刚强势登陆悦来酒店》的报道：

> 全球首间精心设计的变形金刚主题套房，内里处处皆见变形金刚的踪迹，由墙身、床铺、挂钟，至变形金刚博派的一系列角色模型陈设。于今个假期，将推出全新变形金刚主题套房住宿计划，把握机会入住变形金刚博派核心基地……房间分别以柯柏文及大黄蜂为主题……是全球独一无二的变形金刚单寝室主题套房……

《变形金刚IV》有部分场景是在香港实地取景，包括鲗鱼涌及土瓜湾的旧区。为了打入内地市场，《变形金刚IV》加入了内地演员李冰冰及韩庚。

变形金刚，变形金刚，什么时候它可以变为隐形，不再出现在人们视野内？

若从1988年计算起，变形金刚进入中国人的生活已多年了。多年以来，人们仍然未忘记变形金刚，只要提起，仍是津津乐道。

笔者想起大约在2009年，一天晚上，突然接到一个从内地打来的电话，是一位久不联络的同学（名字至今都未记起）。他想请笔者帮忙买一个早期的变形金刚，大小、形态不拘。

电话挂断后心中一直感到奇怪，与对方从来没有什么来往，也不知他从哪儿知道笔者香港家中电话号码的，大老远打来电话，只为买一个过时的变形金刚！

很快，报纸替笔者解开了谜团——第一代变形金刚已经在网上炒翻天了，当年约400元的中大型的变形金刚，已炒到12000元以上。

难怪！

自电影《变形金刚》上映以来，变形金刚似乎成了“不败金刚”，也成了票房保证。不论过去或现在，只要人们看到变形金刚，仍感趣味无穷。

林亮领导下的香港永和集团，至今仍不间断地小批量生产不同款式的变形金刚。现在的中国与20世纪80年代的中国，已不可同日而语，可选择的玩具令人眼花缭乱，无所适从。

“变形金刚”一役后，广东玩具王国增添了益智玩具、长毛绒玩具、科技玩具、华丽玩具等。“变形金刚”热已成历史，孩子们不再饥不择食了。

“孩之宝”从成立到现在，经历了五代掌舵人，林亮与其中三位都保持着良好的关系。永和集团与“孩之宝”自20世纪60年代开始建立合作关系，是“孩之宝”时间最久，亦是最大、最重要的制造商之一。

林亮与孩之宝时任总裁Alan

据说“孩之宝”每一任退休的总裁，交代下一任时，都有关于永和集团、林亮本人、林氏家族的特别赠言。尤其是对其合作几十年来的忠诚服务、交货准时、品质优良的赞许，无一例外。

当然，在多年的合作关系中，并不全是一帆风顺的，也有过风风雨雨。其中的一次危机，源于内地肆无忌惮的侵权行为，致使“孩之宝”的远东总裁几乎要撤资走人，在关键时刻，林亮亲自出马，平息了风波。

取诸社会，用诸社会。1993年，林亮从“永和”和“孩之宝”合作生产及营销变形金刚的五年多所赚来的利润中拨出人民币100万元成立“永和孩之宝教育基金”，20多年来资助了3000名国内贫困儿童就学，惠及后人。

下篇

千里姻缘明星牵

1986年夏，正当林亮在广东热火朝天地为“孩之宝”进军内地忙碌时，在首都北京，一位曾在东北军队医院任职的女军医，亦正为自己能否落户北京而奔走。

一个在南，一个在北，13亿人口的茫茫人海里，两个素不相识的人，后来却因缘分走到了一起。

这是一个名副其实的“有缘千里能相会”的有趣、曲折、真实的故事。一切要从两位当事人周围的朋友说起。

刘先生是林亮1968年去台湾开设工厂时的合作伙伴。1978年林亮以一美元出售的工厂，就是让给了这位刘先生。刘先生是一位非常守本分、循规蹈矩的台湾商人，胆子奇小，稍有风吹草动，不论是政治上的、形势上的或自然界里的，他会第一个不知所措。

有一年，台湾发生轻微地震，刚好刘先生与林亮正在某饭店二楼咖啡厅闲聊。刘先生反应极快，第一个抱着头，不顾一切从二楼冲到一楼，速度之敏捷，令周围的人忍俊不禁。刘先生从来不敢踏足内地做生意。他曾经与上海一女士拍拖，亦是由于怕这怕那，最终分手回了台湾。

林亮一直鼓励刘先生克服心魔，去内地旅游，多走走，多看看，他一直不肯答应。1993年，改革开放已多年了。林亮从香港飞台北，费了不知多少口舌，劝他回上海看看年迈的母亲，并应允陪他一同去上海看看那位“旧情人”，刘先生这才勉为其难同意了。

林亮从香港出发的前一天，与叶仲午先生在麻将台上一边切磋牌技，一边咨询上海哪家餐厅的鸡火干丝最出名。

“南京路上的扬州饭店。”叶仲午先生这样告诉林亮。

林亮与刘先生同日抵达上海后，先陪他约好母亲及旧时的女友，便借故离开了，无谓做“电灯胆”（即不知趣者），他独自一人去了南京路上的扬州饭店。

中午时分，餐厅里人头涌动，非常忙碌。林亮站了半天，也未看到哪张桌子有空位，只好找服务员求助。

一位女侍应生端着盘子走过，被林亮用半生不熟的普通话叫住：“小姐，有没有空位子帮我找一下，我可是从老远的地方专门来的。”

女服务员停住脚步，回问一声：“老远是哪里？”

“香港啊，我是从香港来的。”

“香港？”小姐上下打量了他一下，“真的是好远的喔。”

“怎么，不像吗？”林亮幽默地说，又跟上一句，“要不要给你看我的身份证？”

服务员笑了：“不用，不用，听你的普通话就猜得出是广东那边的了。”她踮起脚帮他一起找空位。马上，她指向角落的一个圆桌说：“你介不介意那里有人？但旁边有空位。”

林亮一边应着：“不介意，不介意。”一边径自朝角落走去。

角落的圆桌上已坐了三个人，一男、一女再加一个孩子，看来应是一家人。

林亮看到小孩子就开心。等菜的时间，他便笑吟吟问小男孩：“小朋友，几岁啦？”

“六岁。”男孩说。

“上学了吗？平时喜欢玩什么玩具呀？”

“车呀、枪呀什么的，很多。”旁边的父亲代答，“喏，现在最时髦的是变形金刚，买玩具都快买穷了。”

“噢，变形金刚？”林亮摸摸小男孩的头，“知不知道变形金刚是谁做的？”

小男孩瞪着天真无邪的眼睛，茫然地摇摇头，小孩父亲也摇头。

林亮笑着指着自己说：“就是我做的。”

“你？”小孩父亲听罢大感兴趣，忙问，“先生是哪里人？”

“我是香港人，今天刚从香港来上海。”林亮边说边掏出名片递上，“先生在哪里高就？”

小孩父亲自我介绍说："我姓郎，是上海戏剧学院的舞台设计。这位是我爱人，这是我儿子。"

话题就这样展开了，从孩子到玩具，从玩具到改革开放，一顿饭的工夫，认识了一个新朋友。

临别前，男士追问："林先生，你的工厂在哪里？我可以去参观一下吗？"

林亮客气地握手告别："在广州，以后有机会来广州，欢迎你来参观。"

两个月后的一天，林亮真的在香港接到郎先生从上海打来的长途电话，告知过几天会到广州，同时想去他的工厂参观。

本来，林亮作为一家公司的老总，百事缠身。他与这位郎先生也是萍水相逢，毫无深交，完全可以随便找一个理由推辞，或指派下属陪同。偏偏林亮却一口应允了，并在相约的日子，专为此事抽时间从香港赶去广州，不但答应带他参观工厂，还约郎先生在广州白天鹅宾馆会面并请他吃饭。

临见面前，林亮又接到郎先生电话，问可不可以多带两个朋友一起来。林亮二话不说又爽快地同意了。

就是这无心插柳的一次次与极普通朋友的见面、吃饭，埋下了改变林亮后半生生活的伏笔，这是林亮当时未曾料到的。

世事有时就是如此巧合，也应验了那句古老谚语："好心有好报。"

白天鹅宾馆的中餐厅里，林亮请郎先生和他带来的两位朋友一道用餐。临时加插的两位朋友是一男一女。（每当林亮讲起这个故事时，都在此处故意停一下，让听者猜这个女客人是谁，而十次有九次都被人猜测是雪莉，其实不是。）

女客人是大名鼎鼎的国际电影明星——斯琴高娃女士。

林亮隐约听过这个名字，但并不十分清楚这位与他面对面而坐的大明星到底演过什么电影，因为他几乎从来不看电影（即使再婚后亦如此）。何况那时香港很少播出内地电影，就算有过，他也记不住影片名字。

另一位男士是中国残疾人联合会的工作人员，原来他们正在策划一场慈善活动——率蒙古国成吉思汗摇滚乐团来粤义演。这次义演由广东省残疾人联合会、中国新闻社广东分社、广东省社会福利（集团）公司发起，目的在于多方筹集残疾人福利基金，发展广东残疾人福利事业。义演将于8月中旬在广州、深圳、上海、东莞等市举行。晚会由斯琴高娃担任司仪，她还将演唱蒙古歌曲，让观众欣赏她的歌喉。

席间谈起此事，林亮又是第一个报名："做慈善是好事，我双手赞成，我会捐一万元。"

这项活动后来因种种原因未能搞成，但却播种了林亮与斯琴高娃之间友谊的种子。

翌日，林亮安排专车接送，全程陪同他们三人一起参观工厂。参观结束时，林亮还给每人送了些许玩具做手信，之后便赶回了香港。

三个月之后，高娃偕夫从瑞士返北京时途经香港。林亮作为东道主邀请高娃夫妇共进晚餐。席间，高娃对林亮又是独自一人并无太太陪同感到奇怪，无意的询问中，才知他早已丧妻多年。

此次见面，林亮与高娃已似老朋友一样言谈甚欢。（若干年后忆及此次会面，林亮说，想不到高娃十分嗜辣，几乎每道菜在菜单上都标有三个辣椒符号，辣得他连连咳嗽。当然大家又是一笑了之。）

这次，高娃试探性主动开口，打算介绍一位女性好朋友给他认识。林亮当然明白这介绍里的进一步含义，他既未应承，也未拒绝。得知女方在北京工作，距离上是远了些，但他还是记下了她的姓名和电话号码。

一晃三个月过去，每天的忙碌令林亮将此事抛到了九霄云外。

这天，林亮如常在办公室工作。电话铃响，是美国友人Sam的越洋长途。他在电话中告知，将于6月去中国内蒙古采购皮革。因人生地疏，语言不通，他要求林亮陪同，林亮二话不说爽快地答应了。

吩咐秘书订票时，他才得知香港并无直达呼和浩特的航班，中途一定要在北京转机。

此时，他想起了高娃打算介绍给他的那位在北京工作的未曾见过面的雪莉女士。晚上回到家，他找出那张写有电话号码的卡片，将它摆在了当眼处。

机会和缘分就是这样很巧妙地降临了。

1993年春天，已经过了39岁生日即将迈入40岁的雪莉，不但未婚，连男朋友也没有。像她这样年龄的单身女士，在当时的中国，也算是个异数了。

2007年在北京，林亮夫妇与红娘斯琴高娃重逢

香港称这类人为“剩女”，好听些叫“盛女”，内地则很直接，叫“困难户”。

90年代初的中国，思想远没有现在开放，说你眼光高、挑剔，那已是最动听的了。人们当面也许不说什么，背后一定窃窃私语，“有毛病”或“有什么了不起”之类，一定少不了。幸好“同性恋”一词，那时尚未兴起。

社会舆论的唾沫和周围的压力，不淹死你也会压扁你。雪莉一年年能挺到当年也算是异数中的异数了。

说心里话，雪莉从未打算独身一辈子。相反，她巴不得能早点结婚，快点脱离“困难户”的队伍。不仅仅为自己，还为了能摆脱来自家里的无形压力。

早在部队当军医时，她就被冠以“骄傲的公主”这个绰号，这令她很无奈。

她从不认为自己有什么可骄傲的——论长相，算是对得起观众，但站不到美女的队伍里；论身材，个子不高也不矮，却不属于苗条行列；家庭条件不上也不下，父亲是军人，母亲是电影导演，除她之外，还有一个弟弟。总之，综合条件属于中上等。

其实，她身边并不乏追求者。书生气十足的研究生，是长辈的阿姨介绍的，人还可以，腼腆寡言。但是雪莉不喜欢他的专业——党史研究生，将来能有什么前途？

2001年，游轮上的林亮夫妇与张金玲夫妇

中央军委办公厅的军人，是好朋友兼大姐张金玲[1]介绍的。那个军人虽然离过婚，但那已是过去完成式，雪莉并不计较。接触过几次之后，由于性格不合，很快分手了。

满口流利中文的外国武官，是雪莉在工作中认识的。才见过一次，谁料他翌日就开着挂有大使馆黑牌子的"奔驰"轿车，到单位门口接她下班。有要好的同事看到，告诉她这种人大多是间谍，吓得她赶快找个借口避而不见了。

寻寻觅觅中，正如她发表的散文，她不知道"谁将与我同行"。

的确，伴侣好找，知音难求。

雪莉承认，在她接触过的许多异性朋友中，不少人是可爱的。但是，她总觉得对方身上欠缺了一点什么。而这一点，正是她想要的。

一直到40岁之前，她都是孑身一人。她曾在自己的散文中写道：

> 一个人的日子是逍遥的。
>
> 一个人，可以放任地贪睡，可以随意地吃喝；可以自由地玩乐，可以开心地大笑。没有牵制、没有约束、没有拘谨，心绪的揪紧和挂念是那样的少，任日子一页一页在眼前翻过，真是一份难得的

① 张金玲，北京电影制片厂原演员，1974年以《渡江侦察记》影片中的女游击队长一炮而红，主演过《从奴隶到将军》《许茂和他的女儿》《瞧这一家子》等多部影片。她和刘晓庆、李秀明当年被称作北影的"三朵小花"。

轻松和自在。

然而，当白日的辉煌逝去，夜幕降临，仍然是自己一个人，打开家门，面对满满一屋子黑暗的时候，那份实实在在的孤独感，便清清楚楚袭来。

还是想倚靠点什么，还是想停下脚步，歇一歇，站一站。

像儿时，依偎在父母的怀里，再大的雨点，再强的雷鸣闪电，一切都会在父母的呵护中安然无恙。那感觉，真甜、真好。

她在耐心地等待，等待与她牵手的那个人。她坚信，那个人一定会出现。直到她接到好友高娃的电话。在这之前，雪莉完全不知道她即将被人探访；而探访她的人，来自“灯红酒绿”的香港——内地的报纸上从来都是这样形容的。

而高娃之所以打来这样一个电话，还有一段故事，是由爆车胎引起的一段故事。

1993年4月的一个星期日，那是一个风和日丽的周日。

经方舒搭线，雪莉参加了一次北京影视界明星的春游，之所以被邀请其实是沾了母亲[①]的光。

① 雪莉的母亲姜树森是长春电影制片厂导演，亦是全中国为数不多的女导演之一，所拍影片多次获奖。她与斯琴高娃识于微时，合作过两部影片。目前网上评价姜树森“是一名用电影见证了改革的女导演”。她任副导演时执导的电影有1960年的《刘三姐》、1963年的《朝阳沟》、1965年的《青松岭》，担任导演后拍摄过《山村新人》《残雪》《女人的力量》《赤橙黄绿青蓝紫》《花园街五号》。此外，她还担任过《战争与和平》《卖花姑娘》等多部译制片导演；在仅有八个样板戏的年代，她是《沙家浜》的电影导演。

春游中两部面包车，与雪莉母女同车的还有于洋及夫人杨静，方舒[①]、方卉（方舒的妹妹），葛优、宋春丽、陈佩斯及斯琴高娃等。

车去“北影”接齐人，刚出北京城不久，前面带队的面包车突然爆胎。司机需要帮手，两部车都停在路旁，全体人员都下了车。

百无聊赖地等待换轮胎时，母亲忧心忡忡对高娃提到了女儿的终身大事。老太太极度担心，已年近40岁的女儿，真的嫁不出去，这已是老人的一块心病。

就是站在那公路边时，高娃提到了林亮。她坦言认识这位远在香港的林先生并不久，了解也不多，只知他丧妻多年未再娶，但是“感觉很好，你见了面就知道了”。这是高娃特别强调的一句。

“有机会的话，要见见面吗？”高娃征询。

“要见，要见。”不待雪莉说什么，母亲先替女儿回答，“这事就拜托你了。”母亲直肠直肚直性子，也不问问女儿就家长式一手包办。

“有时间你帮忙抓紧联系一下吧。”母亲认真地叮咛道。

高娃听完就笑了：“看来姜导是真着急了。”

“可不是嘛！”母亲一点也不掩饰自己的心情，“眼瞅着奔40了。”

---

① 方舒，北京电影制片厂原演员，童星出身，六岁时出演《战火中的青春》饰小萝卜头。1982年，姜树森拍摄电影《赤橙黄绿青蓝紫》，邀方舒任女主角。

雪莉站在两人旁边，插不上嘴，也没发言的机会。她能理解母亲的焦急，但这种事，不是急就能来的。她趁母亲不注意时，对高娃做了一个无可奈何的鬼脸。

高娃看得更乐了，应承道：“好吧，过两天我就帮你问问林先生。”

时间在闲谈中不知不觉过去。半个多小时，车胎换妥，大家又继续上路。后来，酒席也散了，春游也结束了。雪莉又回到日复一日的忙碌中，直到6月的一天。那已是春游两个月以后了，高娃打电话告诉雪莉，林先生要在6月26日来北京了。

“哦！”雪莉接到电话一时有些发怔，以为不过是说说而已，想不到人真的要来了。“那你得陪我去见面。”雪莉央求高娃。

“当然！”高娃一口答应，“你也不认识他，我当然陪你一起。”

本来是十拿九稳的安排，但计划赶不上变化。6月24日，高娃突然接到通知，25日要飞台湾领取金马奖，她主演的《似水流年》获奖了。雪莉又喜又愁，高娃获奖当然是大喜讯，但就不可能陪她了。看来她要独自见这位林先生了，她与他素不相识，心里立刻没了底，不知这位港商是个怎样的人。

“我不在也没关系。”高娃在电话中安慰她，“你也是成年人了，自己一个人去吧。感觉不错的，你见了就知道了。”说来说去就是那句话。事到如今，只能如此了。

根据航班资料，林先生本应6月26日下午到北京。但到晚上9点左右，雪莉才接到林先生的电话，原来飞机晚点了。林亮约她翌日早上8点在下榻的王府饭店见面。

初次见面的结果在雪莉的预料之内，既没有什么惊喜，也没有什么失望；感觉上，怎么形容呢？普普通通。

林先生个子不高，慈眉善目，不太密集的头发和灰黑色的长寿眉，印证了岁月的时光。他西装革履，彬彬有礼，一派自然而然的绅士风度，显示出与众不同的气质。由于早已从高娃口中得知林先生的年龄，所以雪莉的第一印象——不过就是一个蛮有修养的小老头罢了。

当天雪莉见到的除了林亮，还有他的美国朋友——Sam。早餐后，他们将飞往呼和浩特，三天后，再从内蒙古返京转机回香港。

在林亮飞去呼和浩特的当天晚上，大约半夜11点，雪莉被电话铃声吵醒。蒙眬中，她拿起听筒。

“喂，雪莉小姐吗？你好！你知道我是谁吗？”电话那头传来的，是不咸不淡的普通话。

“噢！”雪莉坐起身，心里暗自感到有点好笑——我当然知道你是谁，在我所有的朋友中，没有如此差劲的普通话的，“你好！林先生。”

“喔，你好像睡觉了？不好意思，是不是打扰你了？”林先生礼貌地问。

“哦，没关系的。”雪莉用手揉揉眼睛，努力让自己清醒一点，“我每天都是这样的，早睡早起，因为要上班。”

“对不起，我刚刚应酬完回到酒店。你每天很早就要去返工吗？”

“是的，每天早上8点之前一定要到单位，不可以迟到。”

“平时你都做些什么呢？工作很忙吗？”

…………

一场互相了解的交谈，就这样在长途电话中开始了。

令雪莉大惑不解的是，林先生好像一点也不累，也不困。当她最终把电话挂断时，她看到墙上的挂钟已经指向半夜两点多了。这第一次交谈，竟一聊就是三个多小时，雪莉自己都有点难以置信。

其实，林亮说的好多普通话雪莉完全听不懂；林亮用他的港式普通话越解释，雪莉越糊涂。后来雪莉索性在电话中问他怎么写法，他仍用半咸淡的“煲冬瓜”夹着粤语一起，反复多次，雪莉还是要猜，有时猜对，有时估错。故相当多的时间，是消耗在这种解释上面。其实即使是现在，两人结婚20多年了，雪莉的家人还是听不太明白林亮的普通话，雪莉必须翻译才行。

放下电话后，雪莉连打了几个哈欠。三个多小时的谈话，头脑也醒了一半，心里直觉得这个林先生挺有意思的。

接下来的两个晚上，都是半夜来电。第二次谈了一个多小时，最后一晚聊了40多分钟。

按当时的价钱，这三个晚上的长途电话费，已相当于一个人往返两次呼和浩特的来回机票了。待林亮回到北京他们再次见面时，双方都有了好似老朋友的感觉。

林先生与他的朋友在北京停留的最后一天，雪莉请了一天假，陪他们一起去了天坛等处旅游点拍照游玩。晚上，一行人又在全聚德烤鸭店品尝佳肴，所有的菜都和鸭子有关。（若干年后，雪莉向林亮翻旧账——她知道按国外礼节，请吃晚饭才是正式邀请。碍于首次被请的面子，事实是雪莉根本不吃鸭子，故那天的晚餐她压根没吃饱。但她不能说，也不敢说。现在可以说了，大家听罢不过一乐也。）

接触虽不多，但双方相处得都十分愉快。

林亮一走，雪莉又回到旧式的两点一线循环中——每天早上骑自行车从家去单位上班，晚上从单位回家。

唯一有点不同的是，雪莉心里多了一份牵挂。

每天晚上，让雪莉牵挂的，是电话。这牵挂像雾像风又像雨，来了又走，去了又回。

林亮回香港后，几乎每天晚上都打来长途电话，雪莉早已适应了这个模式。哪天晚上若是林亮因故未打电话，这份牵挂会让雪莉整晚有所不安。电话里，两人似有说不完的话题。

那年月从北京打去香港的长途电话，收费是每分钟90元人民币。当年雪莉的薪水加补贴不过是几百至一千多元。有一次，雪莉从北京打电话给林亮，不过才讲了几分钟就花掉她当月一半工资。后来林亮嘱咐雪莉，每次打那种对方付费的呼叫回应，香港收费便宜过内地。现在好了，京港间的长途电话才几毛钱一分钟。而自从近几年有了智能手机，微话是免费的。加上微信和WhatsApp的普及，长途电话已很少人用了。

除了长途电话，每半个月左右还有一封书信来往。林亮答应雪莉，争取每个月见面一次。

在他们拍拖半年后的一次见面中，林亮告诉雪莉，他公司的会计向他报告，原先每个月一千多元的电话费，突然暴涨到近两万元。第一次看到时吓了一大跳，忙将收费单呈给他过目，并询问事由。

林亮用一个美丽的谎言掩盖了事实真相，告知“北京有生意要谈”。实情确实是公司亦有意在北京开拓业务，不过那已是在他们结婚以后了。

再笨的人也猜得出，哪有天天半夜三更谈生意的，而且来来回回总是那一个电话号码，对方还是个女的。这公开的秘密无人去戳破，公司里的人和孩子们也都“难得糊涂”，故意装作不知道。

1993年，热恋中的林亮夫妇在香港

拍拖的过程像看电影，不看到最后，不知结局会发生什么，连女主角自己也不知道。只是接触越多，了解越深，互相越觉得有些依依不舍了。这期间，两人电话传音，鸿雁传情。林亮果然遵守诺言，想办法安排机会，不是你来就是我往。

7月，雪莉借出差机会飞广州会面林亮。8月，林亮专程飞北京。9月，林亮落实去敦煌旅行。那时雪莉在旅行社任职，借工作之便，公私兼顾，陪他一同去了丝绸之路。10月，两人一同去东北，探访了雪莉的父母亲及家人。12月上旬，雪莉应林亮的邀请，随旅行团前往香港，见他的孩子们。

那年月，还没有自由行，能去香港一趟麻烦多多。首先

1993年，热恋中的林亮夫妇在香港

要有邀请函，其次要邀请方出具复杂的经济担保手续；再就是政审，层层领导批准，最后报所在地公安局。出一次门似要过五关，斩六将一样，道道关卡。有林亮当后盾，雪莉又是近水楼台。很快，所有手续一一过关。

雪莉清楚地记得，这是当年屈指可数的极少数旅行团之一。能参加这个团的人都是有门有路的。团友中有文怀沙，他曾是毛泽东主席的老师；中央某领导人的儿媳妇，雪莉和她还分在同一个房间；秀水街卖服装的个体户夫妇等等，大约不到20人。最后返京时，收获最丰的是这对个体户大款夫妇，他们自己告诉大家的，花了13万多，还没买够，新添置的三个旅行箱装满了“战利品”。1993年的13万元，对当年只有几百元薪水的雪莉来说，是个听了令人咋舌的数字。

来来往往近一年，双方都认定了对方。终于，有情人终成眷属。

1994年5月9日，他们在北京领取了结婚证。

一个喜讯，两桌酒席，近30位朋友，四方来贺，一段异地情缘就这样牵手了。

婚后一年，雪莉才有资格领取赴香港定居的申请表格。又等了一年，内地公安机关才批准雪莉可前往香港与先生团聚。

站在东华门派出所小窗前，在注销北京户口的那一刻，雪莉心里百感交集——那么不容易，那么辛苦才争取到的北京户口，注销时只用了两分钟。纵使是千般不舍，万般无奈，都要走出这一步。不交出内地身份证，就拿不到赴港定居的单程证。

北京，她的第二故乡，暂别了。

1996年7月26日，这一天，雪莉记得很清楚。

从这天起，她告别北京，告别朋友，孤身一人，从北京飞往深圳，再从深圳走过罗湖桥，去桥的另一边。官方规定，凡去香港定居者，一律经罗湖口岸过关。陪伴她的，是几箱心爱的书籍和些许生活用品。林亮从香港过来深圳接她，但他们并未直接回香港，林亮让雪莉先陪他一起去连州考察。

隶属广东省的连州，位于与湖南省交界的山区，位置偏僻，交通不便。不要说机场，连火车都不通，唯一的运输工具，是汽车。连州是个贫困市。

从深圳开往连州，历时九个钟头，当时被告知公路正在修建中。一路上除了炎热、颠簸及辛苦外，经常是半边单行线，还有令人揪心的大大小小的车祸；那次，一路上最少见到四起。

同行的，当然还有雪莉放在车尾的一堆行李。气温高达37.5℃的三伏天的长途奔波，不要说人如何了，到目的地卸下行李时，那行李都像是刚从蒸锅里取出来的，摸上去都是热的。

翌日，一行人吃完早餐就出发了。才看了两个工厂，雪莉就不愿下车了。

她这个北方姑娘，一下子还真受不了南方这么炽热的欢迎仪式。三伏盛夏，那热真的似火，一粘上身，几乎可以将人熔掉一样。她申请留在车内等，林亮同意了。雪莉从车窗望出去，林亮衬衣后背已湿了一片，仍步履矫健地带着一群年轻人走东看西。在到下一个长满了杂草的旧工厂时，雪莉身边多了个伴，连陪同林亮考察的当地官员——副市长都熬不住炎热举手投降了。

“太热了！”他边擦汗边说，“真受不了。”

雪莉出于礼貌，关了车内的收音机，与副市长闲聊。当他得知雪莉昨天才从北京飞深圳，尚未去香港时，副市长难以置信地怔怔望着她，半天说不出话来：“不会吧……”

在常人看来，这似乎有点不接近情理，但雪莉不这样认为。

自从决定嫁给林亮，雪莉深知自己不可以再如从前般自由任性了。两人在生活中的角色分配，雪莉心中早已明确：一个是主，一个为次。男人的世界是打天下，女人的责任是照顾好打天下的人。两人之间要互相尊重、互相信任、互相理

缘分天注定，1996年，婚后林亮夫妇一起爬长城

解、互相包容，这样才能同甘共苦，一路走远。

婚前，他们不止一次互相交心。雪莉早就告诉林亮，她曾当过兵，是一名眼科医生，也是一名共产党员；北京是她最向往的地方，也是令她最伤心的地方；也交过男朋友等等。

同样，林亮一开始就毫无隐瞒地说起他曾有一个台湾女友，但因对方不肯来香港，所以告吹。

拍拖时，雪莉曾半认真半开玩笑问过林亮："你不怕将一个共产党员娶回家吗？"

他回答得很幽默："怕什么？共产党员多一个胆，多一张嘴吗？你会把我吃了不成？"

关于结婚，两人亦讨论得十分深入。

林亮曾问过雪莉："如果我是一个穷光蛋，你会不会嫁给我？"

"不会。"雪莉的回答坦白又干脆，她有自己的看法，"在中国，是以成败论英雄的。如果一个几十岁的男人，穷得吃了上顿没下顿，连自己都养不活，更别说养老婆养家了，那是一个失败者。我不会嫁给一个失败的男人。但是，如果我现在认定了你，结婚后由于某种原因你生意失败，变得一无所有；假若有那么一天，我不会离开你。即便乞讨，我也会搀扶你一起，挎同一个讨饭篮子，这是两码事。"

林亮听了以后很感动。而雪莉，也经常被林亮对朋友、客户等待人处事的细节所感动。

所以，当林亮事先在电话中征求她先考察后回港的意见时，雪莉没有任何怨言。只是这么高强度的炎热，让雪莉大感吃不消。

总算看完了工厂，人人都满头大汗。雪莉再见到林亮时，除了衬衣后背外，腋下也浸出一大片汗渍。雪莉看在眼里，有些心疼，但不好表露出来。

终于，全体人员都坐在了有空调的会议室内，开始洽谈合作的意向。双方都有诚意，会谈是在亲切友好的气氛中进行的，进度较预期快。会后，不知哪位当地干部，私下里悄悄问同去考察的永和职员："林先生是来真的吗？"

对方回答道："你认为呢？难道他在37.5℃的高温下是来旅游吗？"

"永和"与连州的合作只讨论了三次就拍板上马了，速

连州永和玩具制品有限公司成立仪式

度快得连政府官员都感到意外。

从租厂、成立到生产，至今已连续运作了21年。到目前为止，连州永和玩具制品有限公司仍是连州最早及最大型的独资公司，拥有员工近两千人。

那天在连州考察完回香港途中，才走到市郊，就看到车祸，车子被拦下。警察正准备封路，要拍照、搜集证据、召拖车将坏车拖走……这一停，至少一两个钟头，一车人都心急如焚，归心似箭。

1996年香港回归进入倒数，港商外商那时还蛮吃香，尤其连州几乎没有外资厂。

72岁的林亮亲自下车去向警察求情放行，一边讲明理

林先生夫妇出席旅港南海商会晚宴

林亮夫妇与林亮妹妹

由，一边递上副市长的名片。那一刻，全车人都静默无声，全车人的目光都聚焦在那位年轻的警察身上。他接过名片看后，马上客气地礼貌地说："哦，你们是我们市长请来的客人，那好，你们先走吧。"他移开雪糕筒，指挥让出一条路，车子飞快地开走了。全车人都大松了一口气，回头望去，被阻挡处已是一排车龙了。

再婚后的林亮在雪莉的陪同下，一起出外考察、旅游、参加活动、洽谈生意项目等等，他的心态变得更年轻，精神更爽利。太太雪莉跟在他的身边，也参与和见证了许多难忘的历史时刻。

惊险看奥运

成功申办2008年奥运会，是举国上下的一件大喜事。

为了能目睹这百年一遇的盛事，林亮通过朋友关系，辗转买到两张高价的开幕式门票。有了门票，又几经辛苦终于订到飞北京的高价机票。

其实，林亮在香港早就将买奥运开幕式门票的钱，如数交给了朋友。但友人告知，门票并不在他手上，要他们到北京后，找他在北京的朋友取票。

太太雪莉知道后不大放心，提议早两天去北京，反正可以顺便探望她的母亲，所以他们订了6日的机票。同行的朋友要返工，故只能等到8日才动身。

6日起程之日，雪莉取得朋友北京友人的电话号码，事先还与对方通过电话，告知6日到京后会去取票，对方一口应允了。

一出北京机场，雪莉迫不及待打电话问对方可以去哪里找他取票。对方改口，说翌日上午10点他才能拿到票。

既然如此，雪莉和林亮唯有先回家探望母亲。

7日上午，按约定时间，雪莉致电对方，对方推说有事情要办，改在12点取票。好不容易熬到11点半，准备动身前，雪莉又致电对方，问在哪里找他取票。对方又改口说中午有应酬，脱不了身，要下午2点才行。只要票未到手，雪莉一刻也不敢放松，穷追不舍。从下飞机开始，就是七上八下的等待着。当天还不到2点，雪莉又致电给对方，对方说很忙，要改在晚上才可以。

一次次改变时间，一次次推搪。雪莉这次急了，管他什么朋友的朋友，也顾不上什么人的面子，她毫不客气地在电话中大声质问对方："我们的钱早付清了，专程由香港飞北京看奥运，明天就开幕了，到底什么时候可以拿到票？是不是在忽悠我们？是不是要报警才可以找到你？"雪莉说最后一句时加重了语气。在这期间，林亮也与香港友人一直在联系，得知我们始终未拿到票，亦很焦急。

不知是否雪莉的一阵河东狮吼奏效，还是最后一句话触动了对方，总之，对方终于肯定地告诉雪莉，当天晚上6点在某处餐厅见面，一定给票，不再改变。

雪莉决定出门之前不再给对方电话，以免节外生枝。差不多提前半小时，她就到了指定地点，那是一间很难找的餐厅，地点很隐秘。

再打过电话之后，一个微胖的男人走出来，因彼此都不认识，对方核对了雪莉的身份证之后，给了她两张门票，雪莉不让对方马上离开，她多了个心眼。

雪莉不敢掉以轻心，对方的反复改口让雪莉提高了警惕。取到票之后，她也没有马上离开，她拿着票反复检查。当她发现票根标明的身份证号码并不是她本人时，她立即提出疑问。

对方拍着胸口保证："你别多疑了，肯定不是假票，你就放心吧！进不去就打电话给我，我退还你双倍价钱。"说完抬腿要走进餐厅。

"你先别走。"雪莉喊住他，她还不放心，翻来翻去地看那两张票。她弹弹纸张，再仔细鉴别颜色，又触摸票上面奥运会的大印，一切似乎没什么异样。

雪莉当场致电香港朋友告知已取到票，友人在电话中亦安慰她："放心，没问题的。"

她想想也是，朋友的朋友，虽素昧平生也算是朋友吧。

那男的已有些不耐烦了："肯定没问题的，放心吧。"他又加了一句意味深长的话："你已很好运气了。"说完，那男人头也不回地进入了餐厅。

雪莉小心地收好那两张宝贵的门票，那时，已是华灯初上了。

"明天见。"那是香港友人刚才在电话中约的。朋友明天可以动身了，他还约了四个朋友，是一家人，都是专程请假来北京看奥运实况的。中午1点约好先一起在烤鸭店吃烤鸭，他们下午4点取票，开幕式是晚上8点开始。

8日中午，林亮与雪莉抵达约好的地点见到香港的朋友，大家非常开心，新朋老友欢聚一堂。席间，雪莉提醒朋友，取票要迫得紧些才行。4点取票，要提前两个小时即晚上6点到现场，因有各国元首和国家领导人，很早会封路安检什么的，时间很紧迫。

因友人是摄影发烧友，大家还互相约定，若座位相连，备好器材多照几张靓相。吃完烤鸭，见过友人，大家开心地分手了："晚上见！""会场见！"

5点钟离家去会场之前，林亮和朋友又通过电话，得知他们还未拿到票，雪莉颇有些不祥之感，但他们也没有时间多想，换上衣服，带上相机，匆匆赶去会场了。

8月8日的北京，正是三伏天，30多摄氏度的高温，燥热，无风，令人喘不过气来。一路上都是人，愈接近场馆人愈

2008年8月8日，林亮夫妇在北京鸟巢留影

多。还很早，在登上公共专车前已开始验票了。

用了一个多小时，终于到了场馆——闻名于世的鸟巢呈现眼前。再接下来看到的，是排队等候安检的队伍，人龙长到看不见尾。雪莉又开始了她的小聪明，拿出她屡试不爽的拿手戏，牵着林亮去找工作人员，以林亮高龄为理由，要求照顾。

内地什么都学与国际接轨，尤甚在价格上，接轨得最快，质量服务却跟不上。而这条最人性化的接轨，偏偏又没有。在内地机场过海关时，她会告诉工作人员，老人身体欠佳，站不了太久，所以每次都可以被允许越过人群，排在最前面。这次也不例外，她拉着林亮找到维持秩序的工作人员后，加重语气说："天气这么热，你们不能让老人在太阳下长时间站着，会中暑昏倒的。"

工作人员望着长长人龙，抱歉地说没办法，最多可以找一张折椅来给林亮坐下等。雪莉不同意，故意加重语气道："老人家80多岁了，出了事你负得起责任吗？"

人龙实在太长，太阳也实在是太毒，天气也实在太热，不想点办法真不行的。那小伙子好像是义工，有点不知怎么办才好。

雪莉提醒他："找你的领导来，我和他说。"小伙子马上用对讲机请示领导，果然奏效了。

小伙子把我们领到专门为金头发、蓝眼睛的外国人特设安检处，那里不仅人少，还有白色帐篷遮挡阳光。这还不止，专设的自动洒水系统定时向人群喷洒细风微雨，冰冰凉的水滴落在脸上、手臂上，非常凉快舒服。

尽管如此，这个专用口从排队到安检完进入会场，也用了一个半小时。队伍移动得极慢，安检非常仔细，比登飞机严格得多。

排队等候期间，雪莉不时与香港朋友通电话，话筒中传来非常坏的消息，友人一直未拿到票。

“那个朋友呢？”

“找不到了！”

“为什么？”

“电话关机了。”

怎么会这样？这太让人意外，也太让人沮丧了。

快7点了，友人仍未取到票。他们几经折腾，打听到那个朋友住在北京饭店，赶到北京饭店查问时，前台说那人已在当天退房了。他们又打长途电话找那位朋友住在香港半岛酒店的朋友，同样人去室空，也退房了。

当雪莉将此消息告知林亮时，林亮极其不安。他告诉朋友想让出自己这张票，让他赶过来，但时间上又来不及了。

太阳下的等待本已有太多的不耐烦，又加上坏消息，令人兴致大减。

随着人群一步步向安检口移动，雪莉心里愈发不安，她担心的是票尾上的身份证号码与她不符，林亮的也不符，到时怎么办呢？夫妇俩没有主意可想。“只能走一步算一步吧！”林亮说。

一分钟一分钟地煎熬着，终于到了安检口了。“嘟”一声，她就过关了，再过两三分钟，她的手袋、相机也通过安检了。

真的可以不理票尾上的身份证号码，雪莉直到这时才重重吐出一口气，真正放心了。

夫妇俩怀着对友人极其遗憾的心情，看完了奥运的开幕式。

那欢呼的人群，激动的观众，令人叹为观止的精彩表演，被喻为鬼才的张艺谋担任总策划的独一无二的开幕式，一切都十分完美。唯独两人的心情并不十分舒畅，很有些替朋友难过。

返回香港后，林亮立即打电话给朋友，请他吃饭补偿。但其实每个人心里都明白，这个补偿是永远都补不回来的。在特定条件下特定的事情只会发生一次，一顿饭怎么可能补偿？何况事态的发展亦不以人的意志为转移，只能说教训太深刻，社会太复杂，留下了一辈子的遗憾。

所谓“知了吃黄皮（黄皮树了哥），不熟不吃”，心里算计着朋友、坑朋友的人，根本不能称为朋友。

后来过了许久，朋友才知道，失踪的那个人和在香港住半岛酒店的“鬼佬”，不知用什么关系搞来的门票，狠狠赚了一大笔。试想，几百元一张卖到近两万元一张，仍供不应求，大把人排着队要。

朋友与那一家四口损失的不仅是买门票的钱，还有上班的薪水、比平日贵一倍的机票和酒店费用等等。金钱的损失尚可以计算，那些付出的时间、精力以及转瞬即逝的机会，却都是无法计算的。人心的险恶，又可以用什么来计算、来弥补？

饭局上，朋友告诉我们，无法观看开幕式的翌日，他们一行五人去登万里长城。结果，车子在八达岭脚下时即被拦截，原来各国政要亦乘此机会欲亲眼目睹长城风采。公安鸣笛开路，长长一串几十辆的专车、警车、摩托车呼啸驶过，处处戒严封路。

真是叫人欲哭无泪，连去长城都要白跑一趟。原本计划好的行程，被难以预测的事情打乱，担心去机场也会戒严，他们不敢久留，匆匆打道回府。

果然不出所料，去机场的路也有公安把守，所幸元首或总统车队一过即可解封，总算能及时返港。

奥运看不成，长城登不上，双重的失望和双倍的打击，

雪莉是林先生的爱人、伴侣、朋友、知己，与林先生鹣鲽情深，共同努力缔造奇迹

真是头头碰黑。

回香港后得知这些不幸的消息，林亮夫妇也为朋友难过，但一切已无可挽回，唯有好好请朋友吃餐饭，算是小小的弥补和安慰。

看来，有些所谓的朋友是不可以完全信赖的。长城险，人心更险。

年轻人的生命导师

在林亮扶贫助学的路上，有一个年轻的追随者，他叫邵亮标。

他们的缘分源于乡情，两人是南海老乡，虽有年龄上的差距，却一见如故，成为忘年交。邵先生常对人说，在他的人生路上，林亮前辈给了他榜样的力量及很好的指引。

20世纪60年代初出生于广东省南海盐步的邵亮标，他的过去与出生在战乱年代的林亮相比，已不算太苦，但却辛酸。

邵的父亲在中华人民共和国成立前就已在香港工作了，他是家中唯一的男丁，童年是与母亲在乡下度过的。母亲每个月都会收到父亲汇来的1000元家用，这笔钱在当年已很多了，但母亲依然省吃俭用，两个姐姐和他的生活都非常朴素。母亲将省下的钱无私地用来帮助贫困的乡里邻舍，从不求回报。至今天为止，整条村的乡亲说起他母亲还津津乐道。这种雪中送炭的助人行为，给年幼的邵亮标留下深刻印象。

他在当地念了小学、中学后，考入了广东工学院。1986年，在还有两个月就大学毕业时，不得不放弃学业，随父亲来香港谋生。

临去香港的前一天，父亲带他去吃饭。看到菜单上标价一个菜20元时，他心里一震，懂事的他为了掩饰，硬说自己不饿，后来马马虎虎在街边买了两个鸡蛋充饥。

从罗湖关口一到香港，不知是鸡蛋不卫生还是空肠的绞动或其他原因，他突然感到肚子疼痛，痛到难以忍受，要去医院看医生。由于没有香港居留权，医院需收取3000元押金留院观察，父子俩翻遍全身，才凑到900元。无可奈何下，医生让他签了一份后果自负的同意书，才肯放他走。

刚走出医院大门，饥肠辘辘的邵亮标就蹲在医院大门口，狼吞虎咽地吃光了父亲给他买的一盒饭，他心里非常清楚他是饿坏了。

那是他进入香港的第一餐饭，他永远都记得——一盒饭，在医院大门口，那种饥饿难忘的滋味，从那天一直咀嚼到来香港31年后的今天。

凡是吃过苦、挨过累的人，大多都不会忘记过去——那是他们曾经走过的路，路上有他们留下的足迹、汗迹甚至血迹。即使到了事业有成的今天，历史不会忘记，他也不会忘记。

“忘记过去就意味着背叛”，这句话对有着过去的人来说，是刻骨铭心的。比起战争年代出生的前辈林亮，邵亮标的过去也许不算太苦，起码无枪、无炮、无战争，生命和安全不必担忧。但如何吃饱穿暖、有瓦遮头，这样一个基本的生存条件，他却不具备。

吃完盒饭，父亲领他到自己打工的烧腊档铺前，直到彼时彼刻，邵亮标才发觉自己的父亲是那么伟大。“一直以为父亲在香港挣钱很容易，却不知父亲在受苦。”

原来，每天晚上烧腊档收工后，父亲就在上面放一块木板，天天睡在这块硬邦邦的木板上，风雨无阻，家里人从来不知道，父亲也一直隐瞒不说。

那天晚上，父亲向同事借了一张床给儿子，父亲仍然睡硬木板，邵亮标就是这样在香港度过了第一个夜晚。“那晚，我感觉是睡了有生以来最舒服的一张床。”他至今回想起仍唏嘘不已。

香港、香港，一个那么熟悉又陌生的名字，一个那么远又那么近的地方。人是到了香港，但心却悬在半空——自己年纪轻轻，一腔的热血，一身的干劲，可是明天的床位在哪里呢？如何吃饱下一餐？怎样在香港生存？他的思路，彷徨在十字路口。

天无绝人之路，翌日，父亲的同乡、一位他称作阿叔的善心长辈，在自己住了七口人、已经非常狭窄的20多平方米的蜗居，硬是为他挤出一个地铺。

尽管仅仅是一个方寸之地，邵亮标已经非常知足感恩——起码头上有瓦，身下有铺。

“在那里，我住了六年。”

六年，两千多个晚上。那六年，是他人生的经历，是他性格的磨炼，也是他事业的基石。有一句话是这样说的——吃得苦中苦，方为人上人！他没有选择地接受了来香港后的第一份工作——杀鸡。

大学生拿屠刀，绝不是他想要的，迫于生活，只是权宜之计。就这样，他未曾杀过一只鸡，一是不会，二是下不了手。站在那里几天，看到临死前鸡的挣扎，他的心也在挣扎，一只鸡也杀不了。

没过几天，经好心同学介绍，他去了一家电器行当杂工，淡季时负责送电器，旺季时安装冷气。他不怕吃苦，也正年轻力壮，干粗活难不倒他。

旧时多数是唐楼，没有电梯，即使是六楼，都要他自己一个人，一步一步走楼梯将电器背上去，不论是三开门的电冰箱，还是大容量的洗衣机。三伏盛夏，用“汗如雨下”来形容当时的情形，绝不为过。

沉重的电冰箱并没有压垮他要打拼的欲望，他无怨无悔、踏踏实实地去尽自己的力。工作时，他从不介意自己大学生的身份，什么可以做，什么不可以做，有的是一份勤奋和一份认真。虽然电器杂工不是他最终的奋斗目标，但是“适者生存”，这是他在现实中体会颇深的金科玉律。

20世纪80年代的香港，充满机会，也充满竞争，你不适应环境，就会被无情淘汰。在擦去汗水的同时，这一切更激发他要为自己的人生目标努力拼搏。老板对邵亮标的工作态度看在眼里、喜在心里。他十分赏识这个有志青年，亦放手培养，教他从不会到会，从生疏到熟练，从送货员到最后独自挑大梁，帮老板打理全部生意。七年的相处、相知，情同父子。

远在1994年，在他到香港的第八个年头，年过三十的邵亮标，看中了一个不到37.2平米的居所，虽然靠自己双手储了一笔小钱，但仍不够付首期。老板得知后二话不说，先代他垫支了部分首期款项，之后每月从他的薪水中扣除，这让他拥有了属于自己的第一个物业。邵亮标一直感激他的老板，给他机会，在关键时刻雪中送炭。后来老板移民去了加拿大，邵亮标主动担起为老板外父外母养老送终的义务。没有一丝计较，也无一句怨言。他觉得这是自己应该做的，也是报答老板当年帮助他的最佳行动。

搬入新居小屋的喜悦是不言而喻的，终于，从此有了一张床，不用再打地铺了。机灵的年轻人将小屋一分为二——一半出租，以租金还银行贷款，另一半委屈求全，自己仅在客厅有一个床位。为自己的梦想，他艰苦地一步一步努力奋斗着。

1995年，改革开放已多年了，许多政策开始实施。看准时机，在电器行老板和友人的帮助下，他从内地采购电器，在香港批发。

本来一切顺利，想不到出了意外——原本拍过胸膛负责销售的友人只是吹水，并无履行协助销售的承诺。结果，300箱石英暖炉无处存放，请不起人帮助推销，只能印单张自己上街派发。因无钱租仓库，只好将货物叠罗汉一样堆在小小的客厅内，连晚上唯一睡觉的床位也被占领了。

放工回到小屋，满地都是纸箱，连唯一进出的狭窄通道都变得更加拥挤，怎么办？面对这一箱箱不能吃又不能喝的暖炉，甚让人愁。痛骂那个朋友一顿，还是找人揍他个鼻青脸肿？那年月，哪个年轻人不是热血沸腾的？可是，能解决问题吗？胜在年轻，终要面对现实，要用积极态度想办法渡过难关。年轻人又动起脑筋，用几何积木法巧妙地在四周全是纸箱的压迫中，堆出了一个仅仅可以容一个人躺下的长方形空间。

后来，凭以往的关系及诚信，他主动出击，去找相熟的电器同行寄卖。东家20箱，西家30箱，最终全部售出，不但未赔，反而赚了8000元，这是他的第一桶金。所谓“塞翁失马，焉之非福”，成功的喜悦和快乐令邵亮标兴奋无比。蜗居小屋里的货箱，竟堆积出他人生的重大目标，正如毛泽东说：“与天奋斗，其乐无穷；与地奋斗，其乐无穷；与人奋斗，其乐无穷。”

生活虽苦，苦中有乐，乐在其中。售卖石英炉的甜头，启发了他做生意的兴趣。从那以后，他为自己订立了人生目标——做生意，做一个有诚信的商人。

如今的他，早已不再是那个囊中羞涩的小伙子了。后来成为马主的他，也早已拥有数个物业，但那间原始小屋，他一直不舍得卖掉，至今仍在出租。小屋已不仅仅是一间小屋那么简单，那是他人生的一个里程碑，是他向高峰攀登的第一个阶梯。小屋里有他的泪水，有他的欢笑，也有他成长的足迹和永远难忘的青春岁月。

300箱货物，激发出他做生意的潜能。除了日常的工作，他开始了买与卖的生意。他从国内采购家用电器，在香港批发，这种经营模式一直运作良好，间中也曾有过败笔——一款炖盅在万宁售卖，因操作时出现漏水，被香港机电工程署审查问话，最后要全部收回。

每个人都有梦想，邵亮标也不例外。当年他的梦想就是努力工作，多挣些钱，最好能中六合彩或中三T，买间屋，娶妻生子，好好过日子。对赛马早有兴趣的他，一直希望自己有朝一日，会“小刀锯大树”，中奖发达。但后来的事实告诉他，“小刀”不但没有锯倒大树，甚至连一棵小树都没有过，但“小刀”却不知断了多少把。

周日的一天，邵亮标照常在电器行售卖电器，客人很少，忙里偷闲，他开始刨马经，那天亦是赛马日。

进来了一对母女，要买抽油烟机及录影机，为节省时间早点打发母女俩，他故意向她们介绍一款不太好但便宜的抽油烟机，还抬高价钱，以为她们不会买，很快会离开，谁知对方不但立刻买下来，还要求马上送货兼安装。

邵亮标心里一百个不愿意，便找借口说周日买不到配件，无法安装。料不到母女俩功课做到十足，立即告诉他在不太远的某店有配件卖，同时强调若今天不能安装，两样产品就都不买了。

为顾全大局，也是为了工作，即使多么不愿意，他也只好先收起报纸，把已飞到马场的心收回来，陪母女俩买了配件，又带产品上门安装。在厨房工作时，他一声不响、动作熟练地快速安装抽油烟机，心底深处，仍惦记着跑马，想快快完成，抽出时间回去看马经。他做梦也未想到，幸运之神竟就这样悄悄降临在他身上。

大概做母亲的看中了小伙子的憨实、能干，在安装抽油烟机期间，母亲一直自我介绍女儿的工作，在哪间公司上班等等。临走前，还特意告诉他女儿公司的电话号码。小伙子的心从马场被这个母亲拉回到现实。

从友善的闲聊中，小伙子也开始留意身材不高、小巧玲珑的女孩，她的纯情，她的礼貌，这是她的特别之处，给他留下极好的印象。他默记了那个电话号码，一个有心，一个有意，只有女儿并不知晓。

几天之后，清闲之时，邵亮标照那个号码打过去，没人接听，他有些怀疑自己是不是记错了。想到自己是一个体力工作者，对方是白领，难得有人欣赏他。隔了几天，他第二次拨打那个号码。这回不但电话通了，“电源”也接通了。

接下来，就如平常拍拖的男女青年一样了，看电影、吃饭、拖手……邵亮标至今仍记得请太太第一次看的电影是成龙主演的《警察故事》，当时只剩下第一排最左边的两个空位，无其他选择。还好，没有成为斜眼。

1996年，拍拖八年之后，两人结婚了。婚后不久，他即辞去了电器行的工作，成立了标达公司，英文Builder。那是他自己的公司，从自己和太太的名字里各取一个字。他从打工仔的行列里走出来，跃上一个台阶，自己当了小老板。标达公司的名字一直沿用至今，从未更改过。公司以生产铝合金箱为主，产品为工具箱、化妆箱系列。他从蓝领变成白领，正式开始自己的创业之路。

1998年，他们的第一个儿子显声出世了，20个月后，第二个儿子显扬也来报到了。两个儿子的名字来源于三字经的“扬名声、显父母”，亦是经林亮提示而决定起的名字。

1999年，太太原先工作的公司破产，她于是顺势加入邵亮标的公司。从那时至现在，太太一直是他事业上的得力助手。许多不懂的事情，邵亮标都要向太太请教——查找资料、英文翻译、接单传真、财务管理……

所谓夫妻同心，其利断金，在他们身上得到印证。

标达公司成立当年，邵亮标便决定“胆粗粗”去参加广州交易会（广交会），但繁杂的申请手续及一笔不菲的租场费用，令他望而却步，于是他想出一个简单、便宜的发放传单的想法。太太帮忙印制了一些“Give you choice”（给你选择）的英文宣传单张，自己则站在广交会门前入口处派发。渔翁撒网式的试验，是希望命中却又不敢抱有幻想，令他意外的是，后来居然真的接到了第一份订单。

那是一张来自芬兰的订单，它是给勤奋努力和有准备的人的，万事开头难，真诚和信誉是它最好的敲门砖。此例也应验了林亮创业时的三个字——诚、信、勤，那是林亮公司的宗旨。不久，陆续有国内外的公司来查询报价及索取样品。

一天，邵亮标无意中路过助手的座位时，瞥见废纸篓里有一张揉皱的纸团，上面的英文字母引起他的注意。他捡了出来，展开后才惊觉，那是全世界最大护理品牌美康雅（Conair）驻香港办事处发来的查询报价及索取样品的传真。他询问后得知，经手的同事因对方不肯付样品费而将传真丢弃。“对方说他们从未付过样品费，态度霸道又嚣张，还没有礼貌，不用理他们。”同事补充说。

但第六感觉告诉他，事情应不会这么简单，这家世界500强之一的大公司索取样品，就应该是对自己的产品有兴趣，这才会发传真过来。了解清楚后，邵亮标马上决定恢复与对方的联系，并免收样品费。传真发出去了，但对方并无回应。

终于，到了某一天，对方通知他面谈。

偌大的办公室，穿着格仔衫的洋人似乎漫不经心地一边用手揉搓肚腩，一边问两个样品的报价。邵亮标英文不是太好，故找了一个翻译一同见面。对A4纸张大小、高八cm的化妆箱，他报出3.8美元一个，另一个体积较小的则报了四美元。老外对大的反而比小的便宜20美分感到有些奇怪和不解。

邵亮标如实回答：“之前与你公司的同事交谈过，他告诉我若是高于3.8美元应可能没有机会与贵公司合作了。”

洋人诡谲地笑了：“Ok，你先回去，我再通知你。”

翌日，一张要10万个铝箱的订单传真过来，望着那薄薄的一张纸，邵亮标几乎不敢相信。

“真的？是真的吗？”他一次次反复问自己，全公司都无人敢相信。在双方反复核实后，他终于相信，这是一个事实，是千真万确的！

10万个，对那个世界500强大公司来说，是九牛一毛，但对于邵亮标来说，却是前所未有的一张巨额订单。又惊又喜的心情自不必多说，认认真真完成这张订单才是当务之急。表面上看，好像邵亮标吃了亏，被对方以丰富的经商经验占了便宜。实际上，这是一个双赢的局面。这是大与小的较量，是智

林亮与邵亮标先生合影

力与胆量的对弈，是诚实与贪婪的测验。

事后，邵亮标才知道那天见面的老外就是这家大公司的CEO，他十分欣赏邵亮标的诚实与坦白。在他的支持下，标达公司的业绩从1998年起，呈几何倍数的增长。而对方也因选购了邵亮标的产品，成为世界上第一个用铝箱包装电动理发用具的开创者，领导了时代潮流。这一老一少、一中一洋，因合作成了忘年交。对方每次来香港，都会约他见面，这友谊保持至今。

公司从无到有，从小到大，看来丈母娘当年甚有眼光，没有为女儿选错对象。富裕后的邵亮标，并未忘记自己的过去："我也是曾经穷过的人，现在生活好了，在力所能及时，能帮多少就帮多少。"

大约1998年，在一次扶贫助学活动中，邵亮标碰见了"久闻大名"的林亮。但这次仅是握手点头之交。早在同乡会时，邵亮标就听闻林亮是最早回乡投资的港商。在他家附近，盐步镇的一个十字路口旁，有一家很大的工厂，名叫"飞龙机铸玩具有限公司"。每次经过工厂门口时，邵亮标都在想，这家工厂的老板是谁呢？

事有凑巧，1999年，林亮捐出105万人民币给盐步三中盖图书馆。三中的校长是邵亮标的同学，又由于林亮与邵亮标都是同乡会乡亲，便由邵亮标协助跟进盖图书馆一事。

第一次和老前辈林亮打交道的邵亮标，对林亮和蔼可亲、毫无架子的平易近人态度，十分欣赏。这一老一青，因助人而相识，又因投契而结缘。

得知图书馆盖好之后，内里空空，有馆无书，林亮除了在自己工厂发起募捐外，还不惜动用人情牌，发动好朋友协助图书馆集资买书。根据学校记录，捐赠者包括：孩之宝公司、震雄集团、许海及许铭先生、宋伟文先生、邓英汉先生、黄绍基先生、颜镜兴先生等等。

在买书招标中，林亮坚持公事公办，不徇私情，给邵亮标留下深刻印象。

在林亮带动及启发下，邵亮标第一次就捐助了12个孤儿念书，从那时一直坚持到现在。每年，他都慷慨解囊。也许，他已记不清自己扶助的学子人数，但是已经考上中山大学的邵淑芬却始终记得，是邵先生捐赠的16,000元助学金，给了她姐妹俩求学的机会。

仅在2006年，盐步13名贫困学生就收到他的54,000元助学金。2007年，南海义工联启动“展翅计划”之时，邵亮标又拿出了两万元作为奖学行动的启动资金。在他的发动之下，该计划筹募到40多万元。

“做什么事情都要做到最好”是邵亮标做生意的准则，以此为准则的坚持，后来给他生意带来了上亿元利润。但成长的路途并不是一帆风顺的，免不了有磕磕绊绊。

一个小小的疏忽，引发了一次极其严重的危机，几乎令

林亮捐建的图书馆

邵亮标倾家荡产。是林亮，一步步指引并教晓他从危机中走出来，令他感激万分，终生受益。

那是2006年，通过广告，日本名牌Panasonic（内地译松下电器）主动找到邵亮标的公司，欲加工松下大电视的散热器。

当时对方已有过百个供应商，但能让Panasonic主动找上门来绝对是有理由的——他们在众多的招标资料中，发现了一份与众不同的文件。这份文件来自中国一个名不见经传的无名小厂，但它却是所有招标过程中唯一一份呈上“MSOS”（无毒性测试）数据文件的，包括材料无毒测试报告、防腐处理测试报告、样板实测报告等等，非常周详，认真，仔细。此报告甚得一向以严谨闻名于世的日本商人的赏识。

这无名小厂就是邵亮标的标达公司，无名小厂能得到世界500强企业的青睐，是他坚持“做什么事情都要做到最好”的市场反馈，全厂职工都兴奋不已。很快，“标达”的会议室里迎来了松下公司的考察团。日本人看得仔细，问得认真，而且十分频繁，几乎每半个月、一个月便来厂一次，提出修改意见。

邵亮标带领下的团队也不示弱，日方提出什么要求，他们就努力去改进，力求完善。在一年多十几次的考察期间，平面大电视开始流行，日方也终于认同了他们的努力与进步。但最终拍板签约的，并不是散热器，令邵亮标诧异和惊喜的，日方反而给了他一个更大的项目订单——加工平面大电视屏幕的金属底板，每年的生意额高达亿元以上。

2007年秋，西装革履的邵亮标怀着难以掩饰的兴奋心情，精神抖擞地飞赴日本，在大阪与松下公司签下了每年两千万美元的订单。

从日本回厂后不久，邵亮标在细阅合约时突然发现了一个严重的失误——合同中，日方只计算了退税11%的金额，却未加事先要交给中国海关17%的增值税。这一加一减的误差中，“标达”要承担百分之六的差额损失，即要赔逾千万人民币。

这一误差非同小可，心乱如麻的邵亮标不知所措，坐立不安，食不甘味。发现错误的那天晚上，更是一夜无眠。不仅要违约，还有一想起就不寒而栗的严重后果。

邵亮标回忆说：“心都惊得要跳出来。”怎么办？一间无名小厂将要怎么面对世界著名大公司？公章已盖，名字已签，这将如何是好？他怎么斗得过？

那天晚上，邵亮标怎么也想不出一个好办法来解决这件事。他唯一能做的，是暗暗与太太商议迫不得已分手一事。他要割开与太太的关系，一切后果自己承担。

翌日，方寸大乱、六神无主的邵亮标彷徨无助地试着向林亮前辈讨教。林亮得知后，马上约他见面详谈。林亮仔细听完事情经过，从怀里掏出一份报纸复印件递给邵亮标，那是关于一艘美国潜水艇意外撞沉日本渔船导致五人死亡的报道。

林亮先是指出邵亮标在重大决策时的严重失误，自己要承担后果，与此同时，亦鼓励邵飞去日本道歉。“任何人在成长中都会犯错，错了就是错了，只要拿出诚意，真心真意道歉，也许事情会有转机。”林亮语重心长教晓邵亮标，“学美国潜水艇长‘深入虎穴’，以诚待人，实话实说，真诚道歉，希望事情可圆满解决。”话是这么说，林亮仍告诉邵亮标要做好一切准备，承担最坏的结局。

面对50%的希望与50%的失望，忐忑不安的邵亮标决定鼓起勇气去搏一次。他找出有关税务资料、复印原件，并翻译成日文，做足功课，心事重重飞去日本。

不出所料，最初日方并不接受他的道歉及解释，并将他大骂一顿，白纸黑字红章，一切依照法律程序，无可挑剔。想推翻？没门！不可能！

邵亮标并不气馁，再三用事实及文件化解对方对中国税务制度的误解，并坦诚自己在计算时的失误，请求他们原谅并更正有关错误。几个回合之后，日方终于肯让步，同意加价，并极为欣赏邵亮标单刀赴会及勇于承认错误的态度。

握手言和的结局是皆大欢喜，邵亮标悬着多日的一颗心终于落地。现在，邵亮标已成为“松下”最优秀的供应商之一，每年利润亦有20%的增长。

林亮用自己丰富的人生阅历、智慧和胆量，给邵亮标解除危机的信心，灌输给他解决问题的理念。

“虽然事情过去10年了，但令我终身受益。”邵亮标说，“在这件事上，我非常非常感激林亮前辈给我的帮助和指导。那些日子，我真不知要怎么办才好。”

笔者听完这个故事向林亮求证时，他淡淡地告知，他早已不记得这件事了。

左面第一个为简伟文先生

除了邵亮标之外，还有因结识了林亮之后，走上了富裕之路的年轻人，简伟文是其中之一。

简伟文，昵称“简仔”，其父亲简裕在20世纪80年代是佛山市南海区盐步镇镇长兼盐步经济发展公司总经理。林亮于1982年10月6日成立的东秀玩具厂，亦属他管辖范围。也就从那时起，简伟文认识了叔伯级的长辈林亮。这位“60后”的年轻人，因是家中的“幺仔”，上面有两位姐姐，故甚得家人疼爱。

自永和投资成立东秀玩具厂之后，林亮经常和其父共商公司的大小事情。林亮也知晓简家的些许家事。大约是1983年初，简父第一次介绍儿子给林亮认识。如今已是年过半百的“简仔”，回忆第一次与林亮见面，仍记忆犹新，印象深刻。

80年代初的乡镇，不是以如今的富裕户为主，而是“土包子”当道。出生在香港的林亮，一派绅士作风，无论穿衣戴帽（不是名牌，仅是普通着装），待人接物，包括每打一个电话，每安排一件小事，都显出极有修养和气质的一面。

面对初涉社会的“简仔”，林亮热情招呼，周到礼待，既无权威者的架子，亦从不会看不起他们，令“简仔”感到一种前所未有的与众不同。林亮的亲切和蔼，林亮的人格魅力，一举一动，潜移默化、深深地影响着这位21岁的年轻人。他虽未多言，却将这一切都看在眼里，记在心上。

而“简仔”的父亲，虽身为老总，亦同样是平易近人，毫无架子。

一个土生土长的乡下人，一个来自灯红酒绿的港商，两个看上去似牛马不相干的人，却因具备正直、无私、节俭、朴实、谦虚、忍让及不计个人得失等共同点而相当投缘。因其父对“幺仔”寄予无限希望，林亮格外关照“幺仔”，只要有机会，常约父子俩一起吃饭交谈。

一次，林亮在席间提到一批圣诞钟订单出现问题，不知怎样解决。这是来自美国大客户的订单——一排玩具小人在敲响圣诞钟时可发出音乐。问题出在这12个圣诞钟，不时出现音调不准、音色不清脆、回音不够长的问题。若某一个钟走音，整套12个钟统统受牵连，奏出来的音乐走调。这是一个普遍问题，合格率仅在40%—46%，大概与制作圣诞钟的铜片有关，厚薄不均，音调很难控制。此问题令“永和”头痛，“永和”无法组织生产，亦无法按期交货。

那时，简伟文已从华南理工大学毕业，正在创办五金模具厂，设备简陋，员工不到10人。得知难题所在，简父引以为荣地推荐道：“我儿子是华南理工大学的硕士，让他帮助解决一下。”老父拍了胸膛，儿子自然要伸出援手，但其实他心中也没底，只不过父亲已荐，总要给老父面子，于是应允试一试。

经细心研究、分析和多次试验，“简仔”终于找到问题所在。几次调试发现有方法可以达到音色清脆、有回音的效果，但缺乏一套冲压铜钟的设备。“简仔”有心无力，他自己也刚创业，无资金可以购买这样的设备。

林亮与公司商议，同意先预付10万元让简仔添置设备，事成之后再从贷款扣除。

赊钱给他人做并无把握的事，在“永和”也是破例的，考虑到上一年度生产上遭遇的麻烦，“永和”也认为值得尝试，合作就这样开始了。

年轻人有颗火热的心，聪明又肯钻研。有了设备之后，难题很快解决了，调音合格率高达97%，美国客户甚为满意，订单因此急增。

扣除所借贷款项外，“简仔”靠自己的技术赚到了第一桶金，年利润为百万元人民币以上。80年代的100万元，那是相当大的数目。连续合作了四年之后，一切都已隐定，有朋友找他开拓新市场，于是他结束与“永和”的合作，改做其他生意，开始了另一次起飞。

1988年，“简仔”结婚了，蜜月旅行选择去了香港。

最初他并不想惊动林亮这位叔伯长辈的，但好不容易来香港一次（当年报旅行团也要有经济担保人和邀请信，手续繁杂，麻烦多多），除了林亮，他也不认识什么人，于是斗胆拨通了电话。林亮二话不说，放下手中繁忙的工作，带这对年轻夫妇去了交易广场顶楼的美国会所相聚。

瀑布般的水帘，色彩缤纷的鲜花拼图造型，如林的高楼大厦，富丽堂皇的大厅……站在偌大的玻璃窗前，眺望维多利亚港湾，令人觉得似幻如梦。

令“简仔”难忘的不仅是香港的繁华昌盛，而是林亮这位长辈忙里抽空的接待给他的温暖和感动——一个是香港大公司的董事长，一个是初出茅庐的晚辈，身份的悬殊，两地的差异，繁荣与落后的距离，一切一切都令这对新婚夫妇极其难忘。

当时，连“简仔”自己也未曾料到，若干年后的今日，他已超越了林亮前辈。“长江后浪推前浪，青出于蓝胜于蓝”——年轻人羽毛已丰，翅膀已硬，雏鸟蜕变成雄鹰，数人小公司已变身为上市公司，当年的晚辈当上了两个上市公司的主席；大西洋彼岸的别墅，香港的豪宅，都早已成为他长居的住所；一对儿女正在幸福健康成长，事业有成，家庭美满，夫复何求？

多年后的今日，这一老一少又话当年。老前辈林亮早已记不得其中的细节，但“简仔”却念念不忘，知恩图报，并直言当初就是林伯感染到他，影响到他，让他心里有了一个目标

——做人就要做像林伯这样的人，他的热心、爱心、用心和真心，对人的一视同仁，令自己终生受用，并引导自己一步步走到今天，取得了超人的成就。

俗语说“榜样的力量是无穷的”，林亮在许多方面给年轻人树立了好榜样。无论邵亮标或简伟文，他们两位都从林亮身上吸取了人格魅力的营养，经吸收后又注入自己的言行中，再传播出去，尤其在他们自己也当上老板之后。他们与林亮一样，不论对方职务高低，都尊重对方，亲切问候对方，关心对方及其家庭成员。

直到今天，每次见到邵亮标，林亮总是亲切地问候他母亲身体怎样了，孩子们如何。只要有机会，林亮都会不顾自己年迈体累，回乡去探望邵亮标的老母亲。

除了关心年轻人，林亮对乡下的朋友，哪怕是朋友的朋友，不认识的人，凡是自己可以做到的，从不推托。他自己也记不清楚这样义务地帮助过多少人了，有的竟因此改变了自己的一生。

邵淑芬在邵亮标的资助下完成了学业，毕业后更升读研究生。邵亮标在得知她被录取为研究生之后，增加了资助她的金额。但邵淑芬婉拒了邵亮标的好意，她请他将增加的助学金转用在比她更需要的贫困学生身上。她的义举令邵亮标感动，也令大家感动。研究生毕业后，在邵亮标推荐和林亮的帮助下，她被安排入花旗银行实习。邵淑芬在实习期间表现十分优秀，引起关注。现在，邵淑芬已在佛山某大银行工作，并升为经理。

2014年初她结婚时，特意请邵亮标参加她的婚礼，并安排她与父母同坐主家席。

不仅邵淑芬，朋友的女儿性格内向腼腆，受林亮感染和帮助，亦改变了自己，变得豁达开朗，令朋友的妻子非常欣慰和开心。她亦在林亮的介绍下去了某机构当义务实习生，因表现优异给人留下深刻印象。后来实习结束离开之后，该机构高层仍打电话给林亮请他转告，希望她将来可入该机构成为其中一员。

如此良性的循环，既让年轻人有机会受到锻炼，又让有关企业可以录取到所需人才，而林亮在此过程中虽付出些许时间和精力，却也从中收获了一份满足与快乐。能够帮助有志的年轻人，也是他心甘情愿的一个“爱好”。

林亮在美国康奈尔大学有一个以他名字命名的基金，名叫

1997年在佛山南海，林先生与大儿子林健锋、小儿子林健勋一同做善事

“林亮教育基金”，创建于1995年。林亮自己读书不多，但他明白知识改变命运的道理。从一拳一脚的奋斗中，从一分钱一滴汗的艰苦创业中，他有了一笔靠辛苦和勤奋储下的积蓄。

早在1971年他就参加了国际教育协会，每年中学会考之后，十优状元会送去外国深造，但条件是家庭贫困成绩优异，去深造的学费由协会资助。林亮是该协会香港分会小组成员，他是成员中最穷的一个。当年有安子介、董建华等几十个成员，林亮是做具体调查工作的，如了解对方家境是否符合条件等。

永远有着青春精神的林爷爷

有一年筛选出了岔子。一个被选中送外深造的学生被林亮调查发现家境不但不贫穷，反而很富有。但由于一些客观原因，来不及更换学员，只好先送其出去读书。翌年，林亮要求该学生父母送出两个名额的经费，一是补回他不符合条件的孩子所花的费用，二是要求该学生父母再资助一名贫困生上学。原来该家长有误解，以为通过此协会出国念书是一件光宗耀祖的荣誉。

义务做了三年之后，林亮颇感费神，于是决定单干。1974年开始他离开协会，从报刊登出的优秀学生中做选择，自己掏腰包资助中选者去外国念书，帮得一个是一个。直至20年之后，1995年他终于有能力了，一下捐出50万美元，独资成立了“林亮教育基金”，基金运作至今，已是又一个20年了。

有朋友这样评价他：“他不是最有钱的人，却是最认真、最用心的一个。真正的踏踏实实，真诚地尽力去帮人，令人感动。”林亮用自己诚挚的善心，给人以改变命运的暖意和力量，并能跨越地域到达彼岸，展现出宝贵的人格精神。

感动的翅膀

这是一对苦难的兄妹。20年前的1997年，林亮因为资助他们学费而与他们相识，后来更成为朋友，直到今天仍有来有往。

在写出他们的经历时，笔者一直忍不住鼻子发酸，眼眶发潮。

苦难兄妹中的哥哥生于1979年，妹妹生于1982年。因为父母都是农民，从小家中就很贫穷。兄妹俩从留守儿童到流浪儿童，又从流浪儿童成为寄养儿童，最后成为救济儿童。

1992年，10岁的妹妹才上一年级。这时期父母已去深圳打工，留下小小年纪的兄妹俩相依为命。翌年，父母把兄妹俩送到邻村姑妈家寄宿和念书。姑妈家也不过是一种勉强度日的生活水平，只因为是亲戚关系，才不得不收留了他们。

多了两张吃饭的嘴，又是发育成长期的孩子，姑妈家生活也是捉襟见肘，十分拮据。虽然条件不好，兄妹俩十分感

当年林先生资助过的贫困学生，男孩已成家立业，女孩也有了自己的工作室

恩。若姑妈不肯收留，他们就只能流浪街头了。姑妈是很疼爱兄妹俩的，但姑丈早逝，靠姑妈一个人撑起这个穷家，再有心，也无力。

不是有瓦遮头就是有家了。家的含义很广，包括很多，有妈的孩子才是宝。

小小年纪的兄妹俩十分懂事，与他们同龄的孩子在玩乐、撒娇时，他们放学回来第一件事不是做功课。13岁的哥哥要去地里干农活，妹妹要帮姑妈喂猪、煮饭、扫地、刷碗等等，分担姑妈的家务。这还不止，她自己还是个孩子，还要帮忙带孩子——不只一个，是一对，前面抱一个，后面用布兜背一个。

弱小的身体，带上两个孩子之后基本无法迈步。沉重的生活担子，贫困的生活环境，长期的营养不良及体力透支，令这个成长期中的女孩不知不觉留下了隐患。

每天，妹妹有一个重复、固定的举动，就是背着孩子到公共汽车站走一次，停几分钟。她在祈盼下车的人群中，会有一个令她日思夜想的声音呼唤她；她在张望会不会突然有一个她熟悉的身影，她可以扑上去喊一声爸爸或妈妈，那是一个可以给她温暖拥抱，替她擦拭泪水的人。

没有，一次都没有。每次，都是失望；每次，都是幻觉；一次次出现的，是在梦中；醒来，还是没有。

尽管那身影从未出现过，但她从未放弃过。每天依旧去守候，依旧去等待。

哥哥和妹妹的思念一样强烈，但哥哥是男子汉，他不善言辞，也不善表达，只把这思念藏在心底，除了学习，干农活，还要照顾妹妹。在他们的心灵深处，只有一个祈盼，穷没有关系，早已习惯了。只要一家人可以一起，穷也穷得心满意足了。面对饥饿、寒暑、贫困和无助，心中最渴望的，是一份团聚的希望。

就在这种极度渴望家庭团圆的思念中，日子一天天熬过去。

1994年，一场特大的洪水灾害，冲垮了家园，冲走了一切。姑妈家人未能幸免，本已一贫如洗的他们，更是雪上加霜。一无所有这四个字对他们来说，已具体到除了一身遮体的旧衣外，连一个起码可以吃饭的碗、一个喝水的杯都没有。

那已是1994年了，这对兄妹赖以生存的生活条件却已贫穷到了不真实的地步，真令人吃惊。唯一可以安慰的是，兄妹两个学习成绩都非常好，一直名列前茅。

那段日子似乎是一个漫长的黑夜，看不见未来在哪里，看不见希望在哪里，更看不见前途在哪里。

走投无路之下，有人告诉他们找政府。但政府有政策，先要自己想办法建好房子之后才会有补贴。可是，对他们来说，连盖个茅草房的能力都没有，既使买草也要几千元吧。他们根本穷得叮当响，吃完简单的中午饭，都不知晚饭在哪里吃，吃什么。

终于，他们被父母接到了深圳，先在大梅沙，后在盐田，父亲承租了一块菜地，全家人总算重聚了。从1994至1996年中，兄妹俩已记不清这是第几次转学了，但不管转到哪里，兄妹俩的成绩都是排在前列。

一家四口是团圆了，接踵而至的生活难题更多了。首先是住处。在菜地找一处空地，找一些石棉瓦等材料，自搭茅屋。

苍蝇飞舞的垃圾堆是小兄妹俩放学之后首个要去的地方，在那里，他们是常客：挖煤渣，拾废纸，捡瓶子罐子。一截电线，一块纸皮，在他们眼中都是宝贝。那两双稚嫩的小手，为减轻家中负担，天天在垃圾里捡拾些破破烂烂，只为换回几分几毛，最多是几元的微利。

那年已近15岁的妹妹，只有两套旧衣服可穿，一套在身上，另一套在绳子上。

“是真的，”2015年9月6日笔者与她面对面言谈时，她含着泪一字一句认真告知，“只有唯一的两套衣服，多一套都没有。”

一天，全家上山砍竹子。

在扛着竹子往山下走的路上，走着走着，妹妹突然两眼一黑，什么都看不见了。她惊慌地站在那里，害怕地大声喊着：“爸爸、妈妈、哥哥，你们在哪里？我怎么了？为什么看不见你们了？”她的双眼是睁开的，无伤、无痛、无红、无肿，却是什么也看不见。

看不见的不仅是下山的路，还有茫然不知的前途。

父母慌了，哥哥急了，全家扔下竹子，急忙背她下山送去医院。暮色中赶到医院，医院已经下班了，眼科专科大夫也已回家。急诊室的大夫看不明白这是什么病，只是好心地让她在医院的候诊长椅上躺下休息。

母亲担心地哭了，哥哥急得团团转，父亲愁眉深锁。那双粗糙的大手在身上摸来摸去，小心地掏出一张揉得皱巴巴的50元钞票。那是全家仅有的财产，父亲天天将它带在身边，唯恐丢失了。

万一失明了怎么办？才15岁啊！要做手术吗？那会用多少钱？做了手术就不会复发了吗？……100个担心，100个问号，100个无助，击倒了这四个穷苦的人。全家人一筹莫展地守护着年幼的妹妹，不知如何是好。除了叹气，就是眼泪相伴了。连一家之主的父亲，望着那仅有的50元，也忍不住流下伤心的眼泪。

为什么？为什么会这样？难道注定要让他们承受一次又

一次的打击，经历一次又一次的苦难，看不见前路，看不见希望吗？生活，为什么如此残忍？

在长椅上躺了一个多小时之后，上天眷顾，大概它也不忍心让他们过于绝望，妹妹的视力居然在无医无药无治疗下慢慢恢复了。事到如今也不知原因。据分析，可能长期贫困生活导致的营养不良及贫血，加上体力透支，引发了短暂性失明，经休息后缓解了症状。

1997年，香港回归祖国的那年，他们也选择了回归——归乡，因为妹妹小学毕业，面临上初中。哥哥初中毕业，面临上高中。昂贵的上学赞助费令他们无法再在深圳谋生和生活，父母决定带他们回清远。在好心人李伯资助了250元路费之后，一家四口终于回到清远。

回到家乡，一切都那么熟悉却又陌生：人依旧，祖屋却已倒塌，1994年的那场特大洪水将一切都冲毁了。无奈之下，只得又去姑妈家暂住。姑妈家已添了新成员，儿子结婚了。四口人的入住令小屋更加拥挤不堪。为不想姑妈为难，再苦，也只能苦自己。

三天，才72个小时，他们就搬出了。在郊区，父母承租了一个农民的三亩地种菜维生，也租了菜农一间半成品草坯仓库。仓库未盖完，只有四面墙加一个盖，有门，但无窗。全家人凑合着，总算有了一个窝。

夏天，雨水可以肆无忌惮入屋。冬天，冷风可以自由自在穿过。全家只能互相依偎蜷缩在仓库角落的稻草堆上，四口人仅仅盖着稻草取暖，他们连一床棉被都买不起。即使如此恶劣的生存环境，这草坯房也不是白住的，每月要交大约250元租金。

那是怎样的一种生活呢？真正的一无所有，具体到无屋住，无饭食，无衣穿，无被盖。一家四口却顽强地活下来了，像石缝中的小草，在阳光、雨水和空气中，与苍穹同在。没有钱，不等于没有了道德，没有了良心，没有了善良。看似没有希望，不等于没有了梦想，没有了底线，没有了坚忍。

就是在这种情况下，林亮夫妇认识了这对兄妹，但详情他们并不知晓。一切还是2015年为写这本书找到他们时才告知

林先生数十年中一直在资助学生。这是1997年林先生与清远市光明中学八位受助学生的合影，右边的女孩，至今仍与林先生保持着良好的联系。缘分奇妙，他的哥哥也是林先生资助的学生，当时并不知道

的。这真的令笔者大感意外，如此的贫和穷，实在已超出了笔者的想象力。

说起往事，妹妹仍忍不住哽咽，谈话几次中断，录音机里也一直是断断续续的。“如果没有林生、林太的资助，学肯定是上不成的。”妹妹说着又哭了。

好在天底下还是好人多。光明中学的高校长亦是兄妹俩的大恩人，不但接收他们上课，还免去学费，并为他们留意有心人赞助一事。

1997年的一天，清远一条渔船上。在当地政府的组织下，林亮与20个贫困学生见面。

20个人中，雪莉一眼就发现，只有一名女生。她马上低声对身旁的林生说：“这个女孩一定要帮。”

负责人交给林亮一摞表格，上面详细写有每个学生的姓名、家庭情况及成绩单等。负责人表明，一切由林亮自己决定。

林亮挑选了八名成绩好的贫困生，事后才知道这八名男生中，有一个是那个女孩的哥哥。从1997年至2003年七年中，林亮资助哥哥念完高中，妹妹念完初中和高中。从2000年至2004年林亮又资助哥哥念完大学。大学毕业后哥哥又考中了研究生，林亮又资助他念完研究生。

2003年妹妹高中毕业之后亦考入大学，这期间林亮的一位上海好朋友听到兄妹俩的故事之后，主动提出要资助其中一个。妹妹的三年大学费用每年5000元的资助就交由友人完成了。

都说穷人的孩子早当家，不仅早当家，还用功，十分珍惜得来的一切。哥哥后来考入的是全中国都赫赫有名的“中国科技大学”，在安徽。

从在光明中学上学起，在高校长关怀下、有关组织的协助下、林亮的资助下，兄妹俩开始了有书读有饭吃的正常生活。兄妹俩一直怀着感恩的心善待身边的一切。

2012年，得知林亮在参与“微笑行动”，妹妹亦成功地帮助了身边一名贫困家庭患兔唇的小女孩到杭州做了免费手术。小女孩也渐渐恢复了自信的笑容，她的家人在感谢妹妹的同时也感谢林亮。能用力所能及的力量帮到有需要的人，妹妹感到了精神上的富足和幸福。这感动如同插上翅膀一样，从这家飞到那家，从广东飞向全中国甚至全世界。翅膀上载着人间的温暖和大爱，越传越广阔，越传越温暖。

这也是林亮所期望的，他常对帮助过的人说：“你们不用谢我，等有一天你们有能力帮助有需要的人时，尽一点绵力就可以了。”

经过自身的努力和勤奋，早已研究生毕业的哥哥考入了世界500强之一的外企任职，从基层成长为骨干。现在更被猎头公司挖角，幸运地通过层层面试，已任职欧美某大品牌中国华南区的大区经理。

他说要更加努力，更加勤奋，更多要求。因压力也更大，任务也更重，但同时视野也更阔了。

那八个被林亮资助过的学生，都很争气，也都通过各自的努力找到好的归宿，八人中有四人毕业后进入了林亮的玩具公司工作。后来有的结婚生子，有的当了小老板，各自的家境也早已变好。他们一直与林亮保持着联系，一有空林亮还会召集大家一起吃餐饭，见面叙叙旧，宛如一个温暖的大家庭。

妹妹的衣柜里现在早已不只20件衣服了，她找到她喜欢的工作。行情好时每月可以有近万元收入，受外因影响差时也有5000多人民币。父母亲仍在老家种菜养猪，但已不是为谋生而为打发时间。在雪莉个人帮助下，他们早已盖了新屋。一有机会哥哥会带父母出外旅游散心。

2016年6月，全家第一次来香港旅行，林亮夫妇接待了他们。不辞劳苦的父亲带来了一桶自家榨取的花生油，母亲带来一捆捆自家种的有机蔬菜。礼轻情义重，接到手中的，是一份份朴实的感动。

在与妹妹的言谈中，她告诉笔者一件小事。某日，她下

林亮夫妇与兄妹一家人相聚于广州

班路过一个商场，在麦当劳餐厅的外面，坐着一个捡破烂的中老年人。他衣衫褴褛，赤着上身，瘦骨伶仃。在他身边有个破旧袋子，里面装满可乐罐、塑料瓶等等。人来人往中，无人会多看他一眼，有人还厌恶地捂着鼻子走远一点。

妹妹在瞥见他的那一瞬间停止了。她站在那里，动也不动，只感到心头一震，鼻子发酸。她想也未多想，立即冲进超市，买了一大袋面包和两瓶矿泉水。

“你一定饿了。”她对这个素不相识的拾荒人说，“这袋面包和水是买给你的，快吃点吧。”

那汉子颇有些意外地怔怔望着这个善良的女孩，真诚地说了一句：“谢谢你！你叫什么名字？”

她没有回答，也无法回答，她已迅速转身急步走开了，边走边擦拭已止不住的泪水。

那是她曾经的缩影，是她有过的一模一样的经历和生活，他就是当年的她。

“他没有伸手向别人乞讨，他是靠自己的双手去劳动去付出去换取，他是值得尊重的。”她这样告诉笔者，“看着他，我仿佛看到当年的自己。那种挨饿的滋味，我特别理解，一辈子都不会忘记。”

她从未怨过父母，为什么生她在一个穷苦人家？她用知识和成绩拯救了自己。她也从未怨过命，珍惜每一个机会，靠勤奋和努力改变了自己的命运。

路是要靠自己走的。人在逆境中不抱怨不放弃是需要勇气的。

当那段往事已逝去，今天当故事来说时，似乎轻松，其实沉重。有钱不是坏事，但逆境也是对人生的一种回馈和机遇，金钱买不到这些宝贵经历，这是另一笔无法计算的财富。

最令笔者感触的，是她的世界观。“为不想父母太辛苦，每天早上上学前会去扫马路；放学后与哥哥一起帮手拖垃圾车，拉猪潲。即使被同学看到我也从未担心什么。我不偷不抢不乞讨。用自己的双手和体力去劳动、去付出，有什么丢人的？能为大人做一点事，我还感到挺光荣、挺高兴的。”

我不知有多少弱势群体的人会像她这样去思考。一个80后的女孩！点赞！

往事如烟，往事亦并不如烟。在妹妹和哥哥心中，往事不会如烟一般轻盈无声散去，而是永远深深刻在心里。即使在一切都已不同往日的今天，哪怕只是偶然的几句谈起往事，妹妹都会忍不住哽咽。她不停地重复，不停地感恩：“当年若无这笔资助，学肯定是上不成的，吃了上顿下顿能吃到什么都要发愁，一家人可能都会被贫穷的现实拖垮。”

挨过饿、尝过苦、受过穷，有过那种体会，知道那种滋味的人，感触才最深，感情也最真。

除了这对兄妹和他们的同学，林亮资助过的穷困生已无数字概念。1997年中国妇联的“春蕾计划”女童班，2011年大别山的那50个同学，还有远在西安文理学院的10个大学生，还有四川、重庆的在校生；近在家乡的佛山启聪学校、西藏班；还有广东省清远、阳山、连州等地学生，数不胜数。

在后来的追踪中得知，他连续四年资助西安文理学院的

2013年，林亮荣获南海慈善突出贡献奖

10个大学生早已如期毕业，其中一个强姓学生最早脱贫。毕业后找到一个好单位，待遇福利都不错，在亲戚朋友帮助下向银行贷款买了房子。在他的介绍下，那九个学生亦都被用人单位争抢。每个学生都在毕业发言中表示，将来自己有能力时，一定像林亮那样，尽自己绵力资助他人，而这正是他所期待的。

他用自己微小的火花，不时地到处助燃，点亮这片可以燃烧的草地，让星星之火燎原。

身兼多职的他还不顾自己年迈，不时跟随去山区去农村做具体扶贫工作。去宁夏、青海、云南等地，为残疾儿童送助听器，参加奥比斯计划的光明行动，亲临医院为微笑行动的兔唇儿童出钱出力送玩具等等。

那年去云南个旧，林亮带上太太一起去做善事。在参与活动时，雪莉获发了一件印有孩之宝英文字样的T恤。但她发现穿上之后，总被人问起英文字是什么意思。返香港途中，她向孩之宝高层建议，可否印制中文T恤。因太多中国人尤其农村偏远地区文化水平低，看不懂英文。对方认为此建议非常好，立即采用了。

翌年开始，孩之宝有了中文版T恤。孩之宝三个大字，在胸前、在袖口，向中国人民展示出他们的真诚和善意，传达他们的爱心。尽管翌年雪莉并未跟随他们出行，但她仍然收到了孩之宝特意让人送给她一件中文T恤，至今仍保存在衣柜。

感动是深入人心的，也是可以传播的。当感动插上了翅膀，就会飞起来了。

很多朋友知道并听到林亮的善举之后，纷纷找上他要求穿针引线。他们有心，但又担心，担心他们想助人的美好愿望会落空，担心积少成多的捐款会落入贪官的口袋。他们了解林亮的为人，相信他甚于相信官方某个组织。

这并不是空穴来风。前文提到的苦难兄妹，在资助哥哥念研究生的第三年，其实他并未收到林亮资助他的学费。林亮一直是通过某官方机构转交他的，头两年都Ok，第三年出了岔子。哥哥不好意思问，林亮又完全蒙在鼓里。哥哥只好勤工俭学，边打工赚学费，边读研。由于占用很多时间打工挣钱，那年他的成绩并不理想。

这事是哥哥毕业后才讲给林亮听的。事隔数年，林亮并未放弃，企图找回那失踪的一笔钱。但调查后得知，原经手人退休了，他说当时已交给接班的人了。新人答复，不知有此事，无人交代过。折腾了好一阵，后来连调查此事的人也退休了，只能不了了之，一切只好画句号。

从那之后，林亮不再经他人之手，一切自己掌控。要来对方银行账号，每月让秘书按时入钱。

星星之火就这样开始一点一点燃烧起来了，尤其外国友人。笔者亲眼目睹过不止一次，在饭局上、在闲聊中，马上有外国朋友立刻从钱包里掏出100或200元美钞，交到林亮手中，委托他资助贫困的中国儿童。有的嘱咐帮学习成绩好的，有的指定要帮女孩子，有的是随意，由林亮做主。

林亮会用笔一一认真记下，找到资助对象之后，让有关部门寄回收据，再让孩子写一封信，他转交友人，有可能的话则附一张照片……帮得有心，做得坦诚。一切都在互信、透明、真诚的基础上，一切都在阳光下。

上海的D先生就是在林亮的建议下，“一帮一”帮了前文提到的妹妹，资助了她上大学的费用。

林亮不会因有人代替了他就停止善行，他不会，他又会更努力地去寻找下一个目标。一路传播，一路扩展。

2003年，林亮多年的好朋友孙启烈先生资助了3万元，请西藏班的全体同学到深圳世界之窗游玩。

前文写过的年轻人邵亮标先生更直接：“我就是受了前辈林亮先生的启发才开始助学的。”

而简伟文先生亦紧随其后。在2016年7月，他还主动与林

2008年在杭州，林亮夫妇与成龙、赵曾学韫一起做慈善

亮先生一起，各自捐出1万元资助狮山石门实验中学图书馆买书。言传身教似接力赛，一棒传一棒。

捐资助校买书是林亮常见的善举之一。2007年原本是休闲旅游去了厦门大学，参观了学校之后，他即兴捐给厦大1万元购买图书给学生老师。

那年在上海参观玩具展览，经友人介绍认识了丰子恺的女儿丰一吟。得知她70多岁还在义助少数民族学生时，林亮当场解囊，掏出身上3000元交丰老师做主。两人惺惺相惜，后来更携手为贵州穷乡僻壤的孩子出资出力。

当感动似插上翅膀一样可以飞翔，它就会传播到四方八面。

1999年，林亮夫妇探访佛山南海福利会

1998年，林先生为西安幼儿园小朋友带去了可爱的玩具

林亮以自己踏踏实实的一举一动，真心诚意做自己力所能及的善事。所以他才会在2010年完全由群众选举为“大沥十大感动人物”之一。

2013年又被选为“南海好人”。

他的善行不仅在中国，还跨出了国门。

2011年日本大地震。不在当地生活，也不是日本人，不是亲身经历者，看完新闻之后，现在回忆起，也许是一件很遥远的事。而且，事不关己。

但是，在这场山崩地裂的天灾中，有的丧生，有的残疾，有的失业，有的妻离子散，有的家破人亡……

2005年，林先生来到粤北连南镇永和幼儿园和孩子们在一起。此行，林先生资助人民币7.5万元用于教室增建

在与林亮交往的客户中，有一位日本的客户，一夜之间，他从天堂掉到地狱，变得一无所有，一切一切成为零。他已怀孕的儿媳妇见此情景，也许觉得再没有了希望，也许想为腹中的孩子谋求好的生活，她的父母动员她与他儿子离婚。这真应了中国的那句古话，大难临头各自飞。

客户在无路可走的情况下，越洋开口朝林亮借钱。

林亮耐心听完了他的诉苦，并专程为他飞日本，探望了他全家人。见到他的儿媳妇时，林亮并未责备她，而是对她说："如果我借钱给你公公，我只有一个希望，你不会离开他儿子。"儿媳妇听了之后回家告知父母，他的父母亲几乎不肯相信世界上会有这样的好人。他们承诺，若林亮肯借钱，他们会买一间小房子安顿下来，静待新生儿出世，好好过日子。

林亮在日本待了两天，回香港之后，为挽救这个濒临破碎的家庭，他马上汇去12万美元。

一家人后来真的无分开，后来还又添多一个孩子。

可怜的是那位父亲，身体不好，年纪也大，只能做散工。每晚睡在友人拉货的货车上，早上5点起床卷起被褥，还车给友人去拉货。之后林亮又去日本看望他两次，每次林亮都请他吃顿饭，叙叙旧，绝口不提钱的事。有一次他儿子儿媳妇手牵一个，车里推一个孩子来见过林亮。从他们的衣着、孩子手里的零食已可看出他们的状况应该Ok了。

但多年过去，至今一分钱未还过。对方也从不提还钱一事，似乎有些心安理得，也似乎"忘记"了这件事。

每当提起此事，雪莉总有些深感不平，亦为林亮不值，认为他帮错了人。做人要讲良心，虽然施恩的林亮并不指望这笔钱能还回来，当初借给对方时他就做好了这种打算。他是不忍心见到一个好好的家庭，仅因为无钱就要被拆散，孩子未出世就已没有了父亲。

但作为接受的一方，人家可以不计较一切，在你最困难最需要的时候帮了你，你总不能当没这回事一样吧。谁的钱也不是大风刮来的，一时还不了这么多，每个月一小笔，几千元也是一个诚意，积少可以成多，总应该有个表示吧。

“好似人间蒸发了一样，从来没有一个电话问候。多少年了，圣诞卡都无一张。说不定下次你再去日本看他们时，

2013年，林亮夫妇在善学慈善基金会晚宴

第三个孩子也有了。”林亮对雪莉的唠叨抱怨，只是一笑置之，“算了，何必这么认真。”

战时，是日本鬼子杀死了林亮的父亲。那个客户知道这件事，当时听了还很激动。和平时期危难时，却是林亮出资帮了日本家庭。

深仇大恨和慷慨解囊，从来就不是可以画等号的。

但是，仍然是那句老话，过去了就让它过去吧。过去的事如同飘落的秋叶，会变黄、会腐烂、会被人遗忘。

落叶，只能躺在泥土上与其诉说。虽然偶尔也会被风刮向空中，最终，它仍要落回到大地，回到泥土的怀抱。希望最后它可化成一份养料，滋润大地。

与内地著名品牌擦肩而过

这已是一个过去完成式的故事了。

事缘内地某著名饮料品牌商，通过友人介绍，找到了永和。又计划用一套中国古老的故事人物，设计儿童饮料的瓶盖，饮料喝完之后，瓶盖可以用来当玩具玩耍，一举两得，环保又有趣。

对方曾在中山找到一家工厂，做出一个样品，价位也Ok。但他们不大满意产品质量，更重要的是工厂太小，不能完成他们所要求的产量，只好作罢。

辗辗转转，有友人认识对方的高层，建议他们来找永和谈谈。

会议室内，林亮与技术总管和总经理一起商讨合作的可能性。因对方从北京来，只能听普通话，故雪莉也被要求留在会场。

对方取出样品，提出他们的要求，质量要比这个好，价位要比这个低。

那是一只公仔，四肢可以活动，亦可旋拧在瓶口上。

总经理拿起公仔刚摸了一下，轻轻一碰，料不到公仔的手臂就断了，这让总经理很不好意思，连声道歉。

技术总监拿起断臂反复看过之后，很内行地告诉对方，样品用的是十分便宜的材料，“若是我们永和做，我们肯定不会用这种原料”。

“那你们可否用其他原料大概给我们一个报价？”对方要求。

在样品公仔被有关人员取走称重量，估价时，对方抓紧时间参观了车间。

他们对永和的规模、设备等条件都很满意。但报价时，对方甚为遗憾，因永和的报价比中山贵。

公司坚持要用达标的原材料制作，即无毒无铅原料。既为自己工厂信誉，也为对方品牌名誉，永和不会为接某一张订单而放弃原则。尽管永和对这张大订单十分有兴趣，对方也极有诚意，但双方在价位上却谈不拢。永和坚持不肯降低生产标准迁就大客户，只有弃权。虽然明知对方有名气，接单后也会有利润，但原则就是原则，没有了原则，也就没有了公司。

公仔尚未登台就要谢幕，虽可惜，却无憾。与内地知名品牌的合作就此擦身而过。

据笔者观察，到今天为止，对方也一直未再找其他厂家开展此计划。而现在市场上售卖的，仍旧是那款原始包装，超市，飞机上，到处可见。

一洗中国玩具业屈辱

2007年8月13日，香港《东方日报》头版头条图文并茂刊登了一则令玩具界同人十分震惊的噩耗：某玩具厂东主上吊自杀身亡。

到新闻刊出的前一天晚上，林亮已接到广东省玩具业朋友的电话。大家都是同行，虽然不熟，但林亮听后心里颇觉得难过，太太亦是。

从大篇幅报道中得知，位于广东省佛山市的利达玩具有限公司，死者张树鸿是香港人。公司成立已15年以上，规模中等，有员工5000人。

当年50多岁的张某，自杀前仍未成家。8月2日，由于在美国被检测出铅含量超标，世界最大的玩具企业美泰公司宣布召回96.7万件利达贴牌生产的玩具，让该公司一下子陷入了困境。不仅如此，美方还将向利达索偿3000万美元，相当于2.4亿港币的赔偿费用。鉴于这种自认已无法逆转的局面，张某深感绝望。出事前，他为自己的身后事做了一系列的安排。由于未婚独身，他马上低价急售自己在香港的住房，又取出银行所有存款，在遗书中将这笔钱如何向员工发放做了指示，将能考虑到的一一做出安排。8月11日那天，他借故支走了看管仓库的工人，在仓库大梁上，用一根绳子，结束了自己宝贵的生命。

第二天，当工人如常上班时，才惊觉张老板已经自杀。对于如此富有人情味的好老板离世，工人们都不愿相信而且深感惋惜。许多女工都哭了，她们流着泪对采访的记者说，老板平时就对工人特别好，大家都十分爱戴他，尊敬他。“这么好的一个人，说走就走了”。无人不叹息不难过。

老板自杀后，工厂随即关门。不少工人拿了老板发给他们的最后一笔工资后，回家自谋出路去了。由于工厂倒闭，美方也未得到任何赔偿，鸡飞蛋打，两败俱伤。

在2007年这个炎热漫长的夏季里，广东的玩具企业遭遇“严冬”。6月到8月，短短两个月的时间，美国因油漆铅超标问题和磁铁易被儿童吞食隐患等原因，先后对中国玩具进行了三次召回，累计数量超过了2100万件。这场由美国玩具业掀起的风暴，使得近年来利润已经很薄的广东玩具生产商们个个噤若寒蝉。

利达公司陷入困境在于原料采购环节出了问题。8月10日，佛山市质量技术监督局主管的佛山市标准与质量信息网上专门公布一则消息称：“导致铅超标的原因是油漆供应商采用了假冒的无铅色粉加工油漆，并提供给利达公司使用。”

利达公司一位工作人员表示，此次出了问题的油漆是由东兴新能源公司供应的，但这家公司同样是受害者，因为使用了东莞一家工厂提供的假无铅色粉。

东兴新能源已经向利达公司供应了四年的玩具油漆，一直都没有出现过问题。此次出事的全是黄色油漆，由于缺货、时间紧，几个月前东兴新能源公司在网上找到了东莞众鑫色粉厂，采购了一批黄色色粉。当时，众鑫色粉厂提供的是假无铅色粉证书。但由于没有检测就进货，最终出了问题。目前东莞警方正在全力追查众鑫色粉厂的相关责任人。

除了可能面临来自美泰公司高达3000万美元的召回费用纠纷外，来自有关部门的处理也让利达公司举步维艰。召回事件发生后，国家质检总局有关负责人表示，对因玩具安全质量受到国外通报的企业，监管部门将加大管理力度，暂停其产品出口，整改合格后，方可恢复出口。

在张树鸿自杀后的第三天，8月14日北京时间约晚上10时，美泰公司又宣布了一个令人更加震惊的消息。由于存在安全隐患，该公司将在全球范围内召回2180万件玩具，包括在中国市场上销售的三万件玩具和2006年11月1日之前生产的九种小菠莉（PollyPocket）玩具以及2007年1月31日之前生产的一种芭比娃娃配件。这些玩具中的磁块脱落可能引起潜在的安全问题。这是该公司有史以来规模最大的一次玩具召回行动。

此次召回事件宣布后，中国玩具的安全问题被明显扩大，并受到了空前关注。近日，新加坡《海峡时报》将采访函发送到广东省玩具协会。8月17日，张树鸿追悼会召开的当天，广东省玩具协会常务副会长李卓明接到了《纽约时报》记者的采访电话。

“我拒绝了这个采访。因为我知道他们的出发点。”李卓明说，“中国玩具的安全问题有被明显扩大化的倾向，广东玩具生产具有国际先进水准，产品是有安全保证的。”

“中国制造”玩具8月1日被召回后，美国媒体开始密切跟踪召回事件并且在随后的一段时间里进行了铺天盖地的报道。了解内幕的人很清楚，8月27日，中国国家质检总局局长就告诉世界，被美泰公司召回的2020万件中国玩具中，85%是按美方要求生产的，问题出在设计而非制作环节。可美国的媒体密切的负面报道已经向消费者传递了一种资讯：中国玩具品质有问题。

玩具回收引起全世界关注，而美方却将所有责任推给中方，迫使中方300家企业被暂停出口产品，其中有的甚至被注销生产许可证；拘留了四位向玩具厂提供不合格含铅量过高的油漆商；数千万件原产中国的玩具被召回等等发酵事件陆续涌来。

美泰公司此次宣布史上最大规模的召回行动的时间非常敏感，正好在张树鸿自杀后的第三天。实际上，早在2006年年初，美国有关方面就公布了玩具可能存在磁块脱落的危险，但美泰公司史上最大规模的召回行动一直拖到最近才宣布。一些业内人士指出，美泰公司此举有蓄意扩大中国产品安全问题的企图，其实背后是一场贸易战。

早在事发之初，就有人对美泰与美国海关在产品质量中的失职行为提出了谴责。

美泰曾先后三次在全球回收中国产玩具，包括芭比系列和玩具车。加拿大马尼托巴大学教授巴布吉和西安大略省大学教授比米什联合做出的一份研究报告指出，不应将中国制造的玩具被召回的责任完全归咎于中国生产商，因为近80%被召回的玩具是由于玩具公司的设计错误。1988年以来，在美国550次玩具召回中，76.4%以上都是因为玩具公司的设计错误，只有10%是由于生产商的生产质量问题。这证明，中国国家质监总局的数据大致可信。

客观上，国际品牌商在此次质量围剿中扮演了落井下石的角色。美泰执行了严格的召回制，在遭遇美国围剿，而广东质检部门要求他们承担相应的责任时，美泰破天荒地抛出下游生产厂商，使之成为黑心厂商的世界代表，致使该生产厂商的一位主要股东自杀，尽管利达公司在此前15年的合作中表现出了足够的诚信。

这场悲剧再次表明，游戏的主导者与下游生产厂家并未形成良性共存关系，下游生产厂商在产业链上被榨取至极限。

在经历了一个漫长、“寒冷”的夏天后，玩具召回事件终于有了结果。在中方勒令停产整顿的企业中，有专为美泰加工的主要厂家，亦是美方的旗舰厂。

每年此时正是圣诞礼物玩具付运的繁忙阶段，海运平均需时两个月左右。现在，大批的玩具被海关封存在港口和仓库，包括美泰自己的产品，他们被滞留的产品份额最大，损失也最重。远在大洋彼岸的美国零售商叫苦连天，若不能在11

月之前收到货品，必将会错过每年一度的圣诞黄金期。而船期，不会因此改变。

“时间就是金钱”这一准则，美泰高层此时应比任何人都体会深刻。迫于压力和需求，9月21日，美泰副总裁迪汤姆急飞北京。22日，美国最大的玩具商美泰公司就一系列玩具召回事件对中国声誉造成的损害向中国公开道歉。

美泰副总裁迪汤姆发表声明：“我们就三次召回事件向李长江局长、向中国以及中国的消费者表示歉意，我们已经发现，在召回的玩具当中，多数产品都是由于我们的设计方面出现了问题，与中国无关。”美泰的道歉来得虽然有点晚，但是毕竟为中国玩具企业洗去了冤屈。

据了解，在美泰公司每年要出品的近八亿件玩具中，65%都是依赖中国制造。

美泰公司终于道歉，表示对玩具回收事件负全部责任，并向中国人民和所有的客户道歉。有理由相信，这个迟来的道歉是压力之下的产物。

据了解，目前中国的玩具企业已经开始集中研发拥有自主知识产权的玩具产品，扩大在国内市场的销售份额。

“美泰进行了迟到的道歉，比道歉更重要的，是尊重中国企业的盈利权，为‘中国制造’赢回尊严。”

对此，《东方日报》在2007年8月24日发表了题为《林亮代表玩具业闹醒美商》的文章：

近排可以话系玩具业嘅多事之秋，内地生产嘅玩具，频频被美国话唔符合安全标准，搞到好多厂家成肚气，好似自由党立法会议员林健锋父亲、本地玩具业老行尊林亮，都一改以往低调作风，忍唔住要出嚟为同业出声！

年过八十嘅林世伯，做玩具已几十年，系香港玩具厂商会名誉会长，国家未开放已喺内地设厂。日前美国有个劳工权益组织批评内地玩具工人工资低、福利差，见尽呢行风风雨雨嘅林世伯都忍唔住出声，佢话美国商家对内地玩具厂不断无理压价，搞到内地厂家冇肉食，想加人工又谈何容易。所以内地工人工资低，都系美国厂家间接造成！

林世伯又话，如果冇内地，美国又点会买到又平又靓嘅玩具？其实好多内地玩具厂都投资好多喺质量监察、改善工作环境等，只系树大有枯枝。面对美国嘅指摘，佢叫啲同行要警觉啲，千祈咪畀人捉到痛脚。

2008年2月的一天，一队由公安警车开道的几十人车队，浩浩荡荡开进了南海福和玩具厂内。来宾包括：美国国会议员代表团（这是一个无政治倾向的民间团体，由美国众议院、参议院代表及法律顾问共同组成）11人，随团而来的有我国外交部（国家、广东省、佛山市、南海区四套班子人员）、外经部（亦是从中央到地方四套班子组成）、本地统战部、外事侨务局、检验检疫局各部门负责人，以及媒体摄像师、记者共约40

人。此外，还有一个特邀嘉宾，中美玩具厂厂长李贤佳先生。会议室一下就满员了，四周加了许多把椅子仍不够，仍有人站着。以往公司任何会议雪莉都不会参加的，但这次破例。因为北京来了许多官员，只能听和讲普通话，林亮特意将雪莉留在身边当他的私人翻译。他多少有点耳背，普通话若讲得太快他会听不懂。双方事先已被告知，只有一个半小时时间。

美国人向来先礼后兵，在互相介绍、握手并交换名片后，果然，雪莉注意到美方代表团长先看了一下手表，首先发言了。

“这次我们来贵国这里，主要是想了解一下去年玩具油漆含铅量超标事件到底是怎么发生的。”尽管团长面带微笑，语气温和，雪莉仍隐约感到这个代表团有点“来者不善，善者不来”的味道。

团长用英文讲完，美方翻译用中文又说一遍。

“关于去年那件事，我们有一个同行因为那批货被退回，并被要求赔偿3000万美元而上吊自杀了。”林亮声音沉重地说。我方翻译将此话译成英文又说一次。

“是的，我也听说了，很遗憾。”团长说。

“据我所知，”林亮客气地问，“那批产品是运到美国之后，在玩具店售卖时才发现有问题而被退回的，是吧？”

听完译文，团长低声与他身边的人交谈了几句后回答：“应该是的。”

“那么我请问，按规定，产品完成后是否合格买方要有人验货的，检测合格后产品才能付运，运达目的地之后，还应有一次检测，证实无问题了才可以上架销售，是吧？”林亮不愠不火地发问，雪莉听得出他的话绵里藏针。

“Yes.”团长回答。

“那么在几次买方应做的检测中，为什么一直无人发现这批货存在质量问题？”林亮很巧妙地将这个“球”踢给了美方。

会场很静，只有照相机咔嚓的声响，大家都在静待美方翻译。

“这个……我想……”团长有些语塞，“我回国之后还要再了解一下。”

双方都在互相探底，到底谁的腰硬，还未见分晓。

来来回回的英译中、中译英很耽误时间，说着说着林亮情绪有些激动，不由自主就放弃了半生不熟的普通话而改用了流利的英文：“你们现在查出来了，那批产品有问题，漆油含铅量超标，但在这之前呢？产品是从玩具店的零售架上撤下来的，买方的检测员干什么去了？”林亮终于有些忍不住了。“是不是有人在餐桌上喝了酒又去唱K，甚至是否拿了什么好处，根本没验货就签了字放行？”

“……”对方无语。

“还有，”林亮不留情面地继续用英文发问，“美泰好像一点责任也没有，对吗？全部推到中国厂家身上，闹出人命。现在，人也死了，工厂也关门了，一拍两散。这是解决问题的办法吗？”说到人死时，林亮激动得居然还用手指敲了敲桌子。

全场安静极了，雪莉注意到对方听得很仔细，不断点头。

“我也是做OEM的，”林亮流畅的英文一发不可收，“我的工厂几十年来与Hasbor、Hallmark一直合作愉快。我可以自豪地说，从未有过一次退货，不信你们可以自己去查。现在全世界的原材料都在涨价，这点你们也是清楚的。成本上涨，但你们买方还要压价，压得厂家喘不过气来，为了生存自然就想办法找便宜货降低成本。”

“另外，买方是否为贪便宜去找没有信用的小厂加工产品？树大有枯枝，中国有成千上万间工厂，偏偏要找便宜的。出了事你们两手一拍，推个干净，这根本是不负责任，也不是一个名牌大户应有的态度。他们经常挂在嘴边的什么‘Principle，you get what you pay for’或说‘Buyers are always right’只是顺口而说的口头语。”

会议期间，林亮曾谦虚地表示，中美两国的玩具界几十年来互相交往，互补长短，互惠互利。美方给予香港商家订单，港商也为美国无数家庭生产制造了便宜又高质量的玩具，双方合作愉快。直到2008年夏天出现了冰点。9月美泰自知理亏而急派高层代表向全中国人民道歉。但遗憾的是，当事件水落石出时，自杀身亡的工厂东主却永远含冤长埋黄土。

时间不知不觉流逝，交谈从最初的“兵临城下”到中方变为主动。林亮的慷慨激昂，令美方一直处于被反问又答不出的状态。事件的起因、来龙去脉，在他的一一举证中清晰明了。雪莉听得心里十分畅快。

临近会议结束时，美方终于肯承认：“买方公司应该负一定责任的。”

最后，双方客客气气握手告别，还在“FOWIND”标志的大堂前合影留念。

大门外，来自北京外交部的客人好奇地问雪莉：“会上发言的老人家是什么人？”

“他是这家福和玩具有限公司的老板，也是香港永和集团主席林亮先生。”

“哦，”客人侧过身对另一个干部模样的人说，“这个老人家讲得太好了，你们广东省的工作做得很到位呀。”

林亮不畏强权，不甘受辱，依理依据，公平公正的精彩发言，的确让玩具业同行们吐气扬眉，亦为中国，为广东省，为香港玩具行业赢得了高分。

这既是一场口舌之战，也是一场心理战，更是一场实力较量。

跨过鬼门关

2008年，又是承载沉甸足迹的一年。这一年，注定写入史册。

除了举世瞩目的奥运会于2008年8月8日下午8时在北京举办外，还有两件大事发生。

一是9月雷曼兄弟爆煲（粤语中指失败），翌日香港股票一落千丈。

二是，神七升天。

也是这一年，林亮夫妇经蒋震夫妇引荐，第一次参加了香港一个非官方组织的以知识分子为主的文化派对，炉峰雅聚。

同年，林亮的身体出现问题。在一次去北京的旅途中，他感到前所未有的疲意，走路迟缓，不思饮食。回香港后看家庭医生，当天晚上就被安排入了港安医院做手术，俗称通波仔。那天是2008年11月10日。

与此同时，他筹备多时的微笑行动国际义务小组将于12日到达佛山，准备与佛山妇联、卫生局、省人民医院一起，对百余名患有兔唇的贫困家庭儿童免费施行矫正手术。

他人在医院，心却系着那些孩子，从入院开始就一直征询大夫术后可否去佛山。当他得知医院和孩子们都不同意他冒险时，他竟然落泪了。他为不能亲自到现场为患者打气感到遗憾。医院里仪器多，手机信号差。雪莉见到他躲在窗户边一次次地往佛山拨电话。最终还是躺在病床上听汇报，得知126个患儿被施行了矫正手术，他又像孩子般笑了。

通波仔不是大手术，但对于高龄的他来说，仍存在一定风险。为慎重起见，大夫并未两侧同时手术，而是先做一侧，待体力恢复，两个月之后再做另一侧。

手术翌日，一切安好，下午2时半办理了出院手续，雪莉

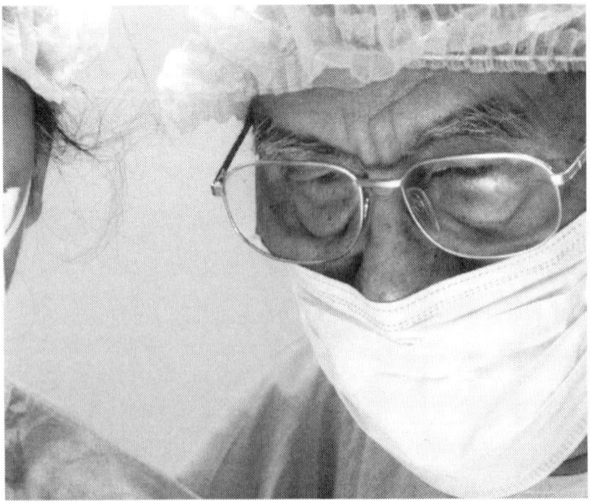

2007年，林先生在手术室

开车接他返家休养。

半夜2点，雪莉被林亮推醒，“我有点不够气。”他对雪莉说，“不大舒服。”

雪莉扶他半坐起，靠着床头。“这样好些吗？”“都差不多，不明显”。大约10分钟，他像是自言自语，又像是征询意见：“这个时间，好不好打给李医生呢？”

窗外黑漆漆，屋内静悄悄。雪莉想起临出院时大夫嘱咐的，若有什么不适，千万别挺着。她果断地拿起电话，电话接通，李大夫二话不说：“马上回港安医院，我在那等你们。”

半夜三更，路上无人无车，但仍有红绿灯。弯弯曲曲的山路，令雪莉心急如焚。她明白每1分钟都是宝贵的，能抢1秒是1秒。即使如此，在安全第一原则下，也用了近20分钟才赶到医院。李大夫已在等待，并将一切入院手续办妥。值班护士说病历都还在原处呢。从下午出院到再次入院不过12个小时左右。

也就是在那天半夜，雪莉萌生了要搬家的念头。

做完心电图检查，林亮就被推进了ICU深切治疗部。这一住，就是三天三夜惊心动魄的抢救，令雪莉永生难忘。

当身后那道厚厚的隔离门重重关上时，雪莉意识到了危险。平时活泼健谈的林亮，此时已陷入半昏迷状态。他静静躺在急救床上被“五花大绑”，鼻孔、胳膊都被插入了导管，另一侧胳膊绑着血压计，心电图仪表更是以秒来记录每一次心跳。

凌晨5时，李大夫请来了另一位心脏专科大夫会诊。

雪莉学过医，当过医生，也当过护士。当她见到李大夫找来专科医生会诊时，心里已明白病情的严重性了。

而在此时，林亮的心跳开始不规律，术语为心律紊乱。高高低低曲曲直直的心电图表，让雪莉的心也随之不安地跳动着。她的脑袋一片空白，不知在想着什么，也不知该对两位大夫说些什么。眨也眨盯着仪表的双眼，早已被泪水注满。她什么都不敢往下想，也什么都想不出来。惊慌中，只会用发抖的手胡乱地拨打手机。大夫让她通知子女来医院，雪莉的心不知沉到了哪里。

眼泪流出又擦去，擦去又流出，她不敢哭出声。偌大的房间另一边，还有两张床，同是垂危的病人与家属。悲伤的种子会发酵，眼泪皆会传染。

林亮的急救床边，有一个单人沙发，那是雪莉站累了可以坐下的位置，也是她晚上睡觉的“床”。

至今回忆起来，她已不记得每天吃饭没有，怎么吃的，是离开ICU去饭堂吃完回来还是托人带盒饭给她，完全不记得了。脑海里印象最深的，是那个心电图仪表。上面的曲线一乱，她的心也乱；曲线平稳，她的心也平稳。15分钟量一次脉搏、血压，量尿、倒尿之类的她全包了。ICU的姑娘们乐于她们多了一个义务护士。

真不知道怎么熬过了那令她心惊肉跳的三天三夜，直到有一天医生用完药之后林亮醒来，她才大大舒了一口气。

“我这是到鬼门关溜达了一圈，回来了。”醒来的林亮又恢复了他的幽默，但雪莉笑不出。那种无助感，那种刺骨椎心的痛，她再也不想承受第二次。

翌年，林亮完成了另一侧心脏的通波仔手术。翌年年底，又做了白内障手术。

这转了几十年的“机械人”，被迫停止运转了数天，“修理加油”后，又开足马力开始转动了。

第二次创业

雪莉没有料到，这只经典小黄鸭的复活颠覆了林亮和她正常的生活。

2011年1月8日晚，湾仔会展中心旧翼宴会厅正在举办一场新闻发布会。那是香港玩具业宣布第一本行业新书《玩具港》面市。

宴会正式开始前是鸡尾酒会，那是一段嘈杂、热烈的自由访谈时间。男人们大多数西装领带，偶有便装的；女士们亦会精心打扮，红唇彩甲，风采翩翩。你来我往中，人人言谈甚欢，直到提示入厅的木琴声敲响。

一路与友人打招呼，一路寻找，雪莉坐在了印有自己名字的座位上。餐桌上，每位来宾面前都摆有一个小盒，小盒的四面分别印有彩色及黑白照片。

邻座是行家的太太，她从小盒中取出礼物仔细欣赏着。片刻，她用一种兴奋之极的语调对雪莉说："喔，好可爱啊。我小时候，我儿子小时候，现在我孙子的澡盆里都有这只小鸭。”

雪莉听后淡淡一笑：“是吗？”她并未感到有什么可大惊小怪的，再普通不过了，只是一只怀旧塑料小鸭罢了。

那盒内小礼物是一只黄色塑胶小鸭，黑白分明的眼睛萌萌地向上方凝视着，宽阔扁长的红嘴合并出一条弧线，弯弯地翘起，显出它独特的一面。身上的羽毛如披风般散开，小巧的屁股似手掌轻握之后的迷你小拳头般凸起。它用简洁的线条和色彩，仿佛无声地向每一个人宣告：我与大地同在。

“看，这就是我当年用过的马骝机了。”那位太太的先生用手指向一幅黑白照片。

“是吗？”太太接过小盒，仔细端详着。

“看到它，仿佛又把我带回到那个年代。”她先生感慨地说。

小盒上共有五幅照片，过去的是黑白，现代的是彩色。那上面印有旧时人物，已淘汰的机器，显示出已逝的岁月痕迹。小鸭则是1948年原创小黄鸭的复制品。

“这是我先生特别为今天晚会定制的，只赠无售，限量1000件。”雪莉解释说。

“好啊！”另一位太太说，“这怀旧小礼物我要带回家给我孙子。”

“哦，多谢欣赏。”雪莉应酬着。

其实，在雪莉内心里，一直对林亮这种近乎发傻的做法不以为然。都什么年代了，还定制这种过时的塑胶小鸭当礼品，没一点保存价值，谁稀罕？自掏腰包不说，太费神了。又要开模具，又要包装设计，又要构思单页文字等，吃力又不讨好，有谁会喜欢？

但现场反应有些出乎雪莉意料，她大跌眼镜：一个土得掉渣的小黄鸭，被一群衣着光鲜的现代人回忆着，品味着，爱不释手，似乎有些格格不入。更意想不到的，是有友人竟想多要几个，有的是送朋友，有的是带给孙子。

雪莉当时并未看到小鸭的未来，但林亮似乎看到了。然而当一切开始改变时，又远非他可以预见的那样。

塑胶小鸭本来并不值钱，也不起眼。但在它身上，沉淀了一段历史，记录了一种原创文化，透视出狮子山下的拼搏精神，亦见证了一位香港老工业家的奋斗历程。更重要的意义在于，它是香港乃至全中国第一个用塑胶做成的玩具，当年它的出现，是玩具史上的一个里程碑。

那天的晚宴是雪莉来香港15年中第N次的宴会复制版，同样的地点、同样的来宾、同样的菜单。不一样的，是业界出版了一本自己的书，是经典小黄鸭首次复活亮相。

这不期而遇的共鸣，令雪莉心里留下了思考。

2013年5月的一天，平静的维多利亚海港突然一下热闹起来。

一只巨型橡皮鸭，以极其简单的造型，披一身清爽的黄色，挟着日日升温的人气，不言不语停在了香港维多利亚港海面上。它的出现俘虏了全香港人的心。

从5月2日到6月9日，大黄鸭在香港展出39天，香港人热

林亮荣获《资本企业家》颁发“年度企业家”殊荣，公司员工和友人刊报庆贺

情地追逐了39天。它的到来稀释了平日香港人生活的苦闷，暂时转移了负担沉重的压力，出乎意料地大受欢迎。

这只大黄鸭除了给香港人带来更多话题，也给“胶鸭之父”林亮带来更多关注和忙碌。报纸、杂志的采访一个接一个，国内的、国际的；电话一个接一个，约会一个接一个，真是从早忙到晚。“香港记忆”制作组的大学教授带助手四次采访林亮。

随着林亮曝光率的增加，由他创作的一拖三小黄鸭也随之曝光。香港中华厂商联合会主动找到林亮，表示计划在其成立80周年的大庆场地制作一个吉祥物，并提出以林亮的经典鸭为基础，再设计一只工展鸭。林亮与他的永和实业有限公司十分高兴地接受了这个任务。

一个偶然的机会，林亮结识了两位年轻设计师。由他们操刀，画出了以1948年原创小黄鸭为基础，但又略有改变的工展鸭。

最初的想法，是在维多利亚公园内摆放两个吉祥物，一个是林亮原创的经典小黄鸭，一个是工展鸭。但由于场地有限，还有一个大“蛋糕”要摆放入园，林亮只好同意放弃他那只经典鸭。经过多次开会、讨论、商议及修改之后，工展鸭终于顺利落成。

2013年12月14日第48届工展会开幕时，场地中央的空地上第一次矗立了一只夺人眼球的吉祥物——工展鸭，它身高近两米，可爱又活泼的模样吸引着大人小孩的目光，人们纷纷与它合照留念。在它身旁，立着一块牌子，上面简介它的出身及由来。林亮的名字跃然牌上。

最初，工展鸭名字叫“Lamon Tea Jr.”（简称L. T. Jr.）。Lamon Tea与香港特色柠檬茶英语名称接近，而且业界亦均称林亮先生为L. T. Lam，因此Lamon Tea乃同时代表香港特色和林亮先生。而Jr.意思为经典版的第二代。

L. T. Jr.由设计师Gary Man及William Ng设计。他们以开心、亲民手法，将林亮先生广为人知的特质完全融入整个小鸭中：

L. T. Jr. 头上的一束白毛，小脸庞的纯真眼神及天真无邪的笑容，代表了林亮先生纵横工业界大半世纪仍然保持心境年轻、乐观开朗，对身边的人和事怀有一颗好奇及真挚的赤子之心；L. T. Jr. 的眼睛，右眼星，左边心，代表林亮先生除在商场有高瞻远瞩的眼光，还怀着浓浓的热爱，身体力行，乐善好施帮助有需要人士；L. T. Jr. 的双腿，代表林亮先生虽然事业有成，但仍然不忘自己由赤脚建基立业；L. T. Jr. 没有过多的

2015年6月13日，小黄鸭出现在香港中环启航仪式上

奢华装饰，只在颈项戴上工展会的挂饰，代表林亮先生一直以来对厂商会及工展会的热爱和支持。

香港中华厂商联合会衷心感谢香港玩具传奇人物——林亮先生特别为工展会构思设计了此工展鸭。而同款的纪念品也将在第48届工展会现场发售，所得款项将全部捐予“工展显关怀”做慈善用途。

开展第一天，特首亲临现场，当即买下近5000美元的产品，捐给慈善机构。

附当年有关经典鸭的报道数篇：

继续“90后创业”计划

谁曾料到，这看似不起眼的一只小黄鸭，改写了历史，创造了奇迹。它形象亲切可爱，充满正能量，它还承载了几代人集体回忆和亲情，见证了香港玩具业一段辛酸与光辉的岁月，更记录了老一辈工业家艰苦奋斗的拼搏精神。现下，小黄鸭有了新的命名——“Lamon Tea”。它作为香港的形象大使，既是友善的象征，亲情的延续，又是欢乐的回忆，有着承上启下的意义。也正因为如此，小黄鸭能够在它出生69年后的今天，仍见于各大商场，受到市民的喜爱和追捧。然而，从“第一代胶鸭之父”到“变形金刚之父”，与玩具共事60多年，林亮所经历的酸甜苦辣又岂是一只小黄鸭所能包含？“我从来不觉得辛苦，因为有信心。”虽然已是90

岁高龄，可谈起玩具制造，林亮仍然鬼主意多多。

近日林亮还向记者透露，他打算开展“90后创业”计划，将小黄鸭重新包装推向更广阔的市场，希望能以小黄鸭唤起人们对童年的集体回忆，勿忘老一辈工业家们能吃苦、肯拼搏的奋斗精神，并将小黄鸭背后的爱心、友善理念传播下去。谈及此事，林亮眼里渗着光芒，心中还有所念想，仿佛期待小黄鸭在香港工业再创新绩。

林伯黄鸭“重生”工展义卖

今年大热嘅玩具必数黄色巨鸭，但讲起黄鸭，原来早于1948年已经兴起，当年靠生产经典黄鸭玩具起家、行政会议成员林健锋父亲林亮（林伯），近年决定让已停产50年嘅黄鸭“翻生”。早前佢揾玩具设计师帮佢个“乖仔”黄鸭改头换面，鸭眼睛改成水汪汪，鸭嘴角更弯更翘，头上更加番三条头发，寓意有赤子之心，下周六就会担任工展会吉祥物，势再掀起热潮。

善款扣成本后作奖学金

新设计嘅黄鸭将命名为“Lamon Tea”，系林伯个英文名同柠檬茶英文“Lemon Tea”嘅混合体，会连同黄鸭钱箱、杯盖等10万件产品，系工展会作慈善义卖，扣成本后会作为厂商会两间中学嘅奖学金。林伯太太更为慈善不遗余力，早前出席“玩具大王”蔡志明娶新抱饮宴时，拎咗五只黄鸭畀海洋公园主席盛智文同演艺界人士签名，而早前去北京时更请埋内地女星斯琴高娃签，认真够面子。

今年工展会将会喺本月14日至明年1月6日喺维多利亚公园举行，入场费10美元，场内有逾400家参展商，逾廿种产品以一美元优惠价限量发售。虽然厂商会唔肯估计今年入场人次，但就话总销售额会比去年七亿港元多五至10个百分点。

庆80周年　打造“工展小鸭”义卖

香港文汇报讯（记者 吴沚芊）早前荷兰设计师设计的巨型黄色橡胶鸭，在香港风靡一时，殊不知早于1948年，已有港产黄色胶鸭玩具。中华厂商联合会今年请来港产黄色胶鸭设计师林亮，为厂商会80周年构思设计一只“工展小鸭”，并会在工展会会场内义卖，收益在扣除成本后，会捐赠予两所中学作为奖学金。

为支持本港教育及响应“传统工业撑工展”，适逢厂商会80周年，今年工展会邀请了香港玩具业始祖林亮，及玩具设计师Gary Man及William Ng，以1948年设计及生产的黄色胶鸭玩具为蓝本，构思设计了两款分别名为“Lamon Tea”及“Lamon Tea Jr.”的工展会版小鸭，并于会场内的摊位慈善义卖，并推出多种与小鸭有关的产品，如摆设、手提电话防尘塞、磁石文件夹等，价钱约为市面上的半价。而义卖所得的收益在扣除成本后，将分别捐赠予厂商会辖下两所中学作为奖学金，及“工展显关怀”活动用途。

2014年林亮90大寿时，友人赠送的3D打印鸭仔

2014年悄无声息就来到了身边，这一年，林亮满90岁。

大黄鸭虽然走了，但它的余热还在。这一年林亮打交道最多的是媒体。

1月初，跨年度的历时22天的第48届工展会刚闭幕，1月9日，林亮就接到大洋彼岸美国某通讯社颁给他的“2013年度玩具业最受欢迎奖”。

翌日，《南华早报》刊出大半版专访及照片；1月21日香港厂商会《企业雄才》2014年第一期又登出中英文双语文章。再接下来，就是凤凰卫视的视像采访，香港工业总会《香港工业家》专访，香港玩具厂商会专访，等等。

香港的热闹也传到了内地。先是南海统战部拜访了林亮，紧接着他又被公开、公正地评选为“南海好人”。这是他继2010年当选为“佛山大沥十大感动人物”之一以后的又一次殊荣。两次入选林亮事先都不知情，只有接到有关部门正式通知时，他才知自己已是候选人之一。

所以雪莉有理由相信，林亮所获票数不是最多，但却是最真实的。

10月下旬，林亮夫妇应邀飞往北京，参加由中国儿童艺术中心和联合国儿童基金会共同举办的“和平的旗帜”活动，与2000名中国儿童和外国儿童欢聚，林亮给每位儿童送出了一只小黄鸭。

除了上台为获胜的小画家颁奖之外，大会还评他为和平大使，并颁发奖品一尊。翌日，《光明日报》、人民网、《中国少年报》等媒体相继刊出图文并茂的报道。

2014年，中国儿童艺术中心和联合国儿童基金会等单位共同在北京举办“和平的旗帜”活动，林亮为联合国儿童基金会人员签名

圣诞节当晚，林亮又接受了商台的录音和视像采访。

也就是在这一年，经过发酵回归平静之后，林亮的梦想被现实激活。《玩具港》发布会上经典鸭首次复活的怀旧情愫、工展会吉祥物的启发、大黄鸭来港引爆的集体回忆，都令他开始认真思考，要为1948年出生的香港经典小黄鸭做一个品牌了。

还有更重要的一点是，在他为梦想起飞忙碌时，部分年轻人因不满现状，当年9月发动了震惊中外的占中事件。一些别有用心的人煽动某些热血充脑的年轻人，为抗争政府，占领了香港中环最主要的交通命脉。他们在马路中央扎帐篷，写词作画，随意谩骂政府，人身攻击，任性掷砖，抛弃杂物，打骂警察。无事可做时甚至在马路上打边炉、玩麻将等，这些怪异现象亦出现在新闻镜头内，一占便是79天。

作为老一辈工业家的林亮，对此既心痛又难过。虽已93岁，但他感到自己有责任引导下一代了解前辈们艰苦创业的岁月，重温狮子山下那一个个感人的励志故事，让沉淀的历史告诉未来，让亲身经历感动后辈——今天的香港来之不易，“香港是我家，人人要爱她”，他希望年轻人能树立正确的人生态度，不要把自己的青春消耗在马路上，亦不可把智慧贡献给政客。

他期待借助经典鸭这个载体，为不同年龄段的人带来原创的文化、温馨的回忆，及蜕变的大爱、开心的欢乐和青春的活力。

2014年，得意创作有限公司正式成立。

偶遇——精彩故事的开始

认识一个人可以有各种方式，偶遇最是无预见的一种。

VTC——香港职业训练局，在2013年11月首个周日自行创办了一个“祖父祖母日”，以此推行“万事孝为先”的传统理念。首届成立大会上，院长邀请林亮参加，林亮赞助了小黄鸭，周大福赞助了金饰。

2014年，第二届“祖父祖母日”，场地依旧，内容依旧，赞助依旧。

这次不同的是偶遇了周大福的资深设计师陶叔。在此，有必要花少许篇幅介绍一下陶叔。

有人说：“每个优秀的人，都有一段沉默的时光。那一段时光，是付出了很多努力，忍受孤独和寂寞，不抱怨不诉苦，日后说起时，连自己都能感动的日子。”回忆过去，陶叔外出打拼初期也有这样的一段日子。

14岁的陶叔从顺德出来开始打拼，初入周大福时，陶叔在店内做“后生”，称金、交收、削铅笔、斟茶倒水、倒痰盂样样杂事都要做，整天跑来跑去，忙都忙不过来。尽管如此，他事无巨细，用心去做，想办法快速稳当地做好每一件工作。做“后生”期间他曾一度想离开。“我在铺头受学打金的学徒欺负，他个子比我大，我打不过他。那时我很委屈，到香港主要想学做生意，但在周大福做后生，除了各种杂务外，便主要是帮忙交收，数钞票，没学到什么，现在还受人欺负”。

但陶叔在郑裕彤先生的劝说之下留了下来，并拥有了继续学习的机会。

陶叔从小喜爱画画，由于画得好，很多人请他替他们画画，因此学校工艺室张贴的学生作品有六七成是陶叔画的。“我在乡下读书时，就已经很喜欢画画，初来周大福时，参加函授班，晚上画画，作业常常得A等”。当时业界设计人才缺乏，有同事建议他学珠宝设计。抱着对画画的热爱，他曲折地报读了香港珠宝玉器金银首饰业文员会珠宝设计课，三个月后，凭着在画画方面原有的优秀根基，他竟考了100分，获得第一名，成为该课程的第一届毕业生，全行轰动；1951至1952年间因传统上进下支的记账方式已不适用，必须改用新式的簿记。于是陶叔被派去学了两年会计，同时还要工作，十分忙碌。取得专业文凭后，他还与授课老师成为好朋友，并在老师的协助之下，设计了“永续盘存制度”，之后他又将该制度进行改良，以更适合周大福的发展所需，直到现在，这制度仍在继续运作；他喜爱书法，写得一手好字；他喜爱雕龙，人称雕龙大师，设计的龙镶金作为礼物祝贺李嘉诚获得英帝国爵级司令勋章，香港珍宝海鲜舫7000多条龙均出自他手……

很多R&D及工厂的老前辈，提到陶叔总是一脸敬意，在他们心中，陶叔是偶像，是他们期望达到的高度。顺德伦教首饰厂有位师傅有一次提起陶叔的成名作——珍珠雀仔时，语气中透着一丝崇拜。早在50年代，陶叔制作的珍珠雀仔系列首饰畅销菲律宾，他的设计富有立体感，为达到效果陶叔自己亲自用泥做立体的模型给工厂依着做。珍珠雀仔十分畅销，这也使得周大福的工厂进一步扩大，而周大福也由首饰零售业务，扩展至兼营珠宝首饰制造业，为日后扩展零售业务，分店不断增加时，能实施产销结合的经营，打下坚实的基础。周大福发展期间，陶叔白天要在工厂看师傅们做得好不好，晚上则设计首饰，做模型，当时一晚要做70多个模型，原料一点都不浪费，然后写单计数、编号、出售，全部是他一个人负责。

陶叔小小年纪便外出闯荡，其中的辛酸，值得我们细细咀嚼；其敬业乐业和拼搏精神，更值得我们学习。

“没人走的时候你可以直走，有人走你就走开一些，多人走你就走慢些。没有人能阻止你的进步，只要你有兴趣。”

他有多热爱他的工作，从他的办公室可窥一斑。陶叔的办公室位于周大福集团大本营——中环新世界大厦，与其说是一间办公室，用藏宝阁来形容可能更贴切些，里面有各式艺术品，琳琅满目。一排神态各异的龙像，逼真传神；一只凤像，因陶叔少做凤故相当珍贵；笑容可掬的罗汉；鱼吐珠；

一溜奖杯；挂在墙上的字，笔笔铁画银钩；拉风哈雷模型等等，还有很多藏在柜子里没拿出来。仅从这些收藏品便知陶叔在不同领域均有涉猎，他是天生的艺术家，追求着不同的美。

陶叔的不断思考观察与创新，使他所设计的作品常常带给消费者意想不到的惊喜。作为首席设计师期间，周大福所售产品几乎皆出其手。陶叔对龙的设计情有独钟，将东方龙文化艺术演绎得熠熠生辉，这源于他对艺术设计的热衷与不断超越。

做了几十年的设计，与陶叔交流当然少不了与设计相关的话题，而创新则是出现最多的词。

“在原有的基础上，还想跟别人不一样，这样才会有创新。如能把创新的内容把握好，能够出挑，抓住消费者视觉的中心点，做出来的东西就会特别。温故知新，日日做的固然一样，再做也一定要重新做，日日重新开始，用你自己的方法概念坚持，不要学别人的东西，慢慢就会成为自己的品牌。”

无须过多在意外界的看法，依照自己不断创新的设计理念，不推崇模仿，这是陶叔多年设计的经验。“你设计的作品一定要使自己最满意！”这是他坚持的原则。

“设计，是从生活的感觉中走出来的。你要留意自己的生活，从生活积累的才是真正的经验。你一定要相信，每一个人都是充满无限创意的。”

陶叔一直致力推动香港珠宝业的发展，他担任多个香港委员会委员理事等，也参与多个业界高会之委员会，为香港珠宝业做出自己的贡献。特别是，陶叔非常关注珠宝设计人才，担任玉石金银首饰商会副理事长以来每两年举办一届“足金首饰设计比赛”，如今已到第15届，为珠宝业带来创意满盈的设计作品，提高租金首饰的创作及工艺水准，同时也展示出香港本地杰出设计师才华。

真正的才华包裹在谦虚里，才华在身的人会对他人、对世界抱有敬畏，自恋但不傲慢的才是艺术家。

陶叔有很多头衔：曾任周大福珠宝集团董事，现任高级顾问、香港珍宝海鲜舫董事兼代总经理、九龙珠石玉器金饰首饰业商会副监事长、香港珠石玉器金银首饰商会副理事长、香港顺德联谊总会名誉顾问，同时还是顺德市荣誉市民……

对于这些头衔陶叔并不在意，他的人生是一场极致的体验，每一步都全力以赴。有些人生来就有这么强大的力量，注定成为不凡的人，陶叔正是其中之一。

若用一句话概括陶叔，15岁入周大福，至今已70多年。他与林亮相差6岁。两个年龄相仿的老人，似两个孩童般，一见面便十分投契，鸡啄一般地不断聊天，大有相见恨晚之意。连陪同在侧的Fanny余和寰哥，都觉得两位老人家的相遇是缘分。

分手时陶叔已约林亮翌日于中环办公室见，继续详谈，似有说不完的话。

从那时起，到后来每一个阶段每一件事情的发生，都有那么多的巧合。像是有人编排的故事一样，一节一节精彩地上演。

与陶叔的有缘相识，触发了林亮想将经典鸭做成金饰的念头。

品牌可以有许多其他类型的产品，也可以有今饰产品。理论是这样的，实际操作起来，是不是应该有一盘计划？是不是应有一些创意？怎样激活这只具有历史意义的经典鸭？如何在它身上展示出狮子山下的精神？

不仅林亮，连公司都是毫无头绪。60多年的经验，全是OEM来料加工，从未做过品牌，完全不知该从何处下手。

听到林亮提出想做品牌，带领林亮去陶叔办公室的周大福高层Fanny好心地提示："若要做品牌，有人指导你们吗？"

林亮与雪莉相视望望，摇头："没有。"

"那你们打算找谁？"

"不知道。"

"这样啊。"Fanny沉思片刻，进一步做介绍道："我们周大福有一套在内地销售的七福娃系列，是一个台湾团队帮助设计策划的。一直到今天，都卖得特别好。你们要不要找他们试试？"

"可以啊。"林亮应承道，"可以试试嘛。"

"那好！回头我找一下电话号码发过来。"

翌日，雪莉收到Fanny给她的一个内地手机号码，原来这个台湾人及其团队长驻上海，也早已娶了一个上海太太，算是半个上海人了。

"只有一个手机号，"公司办公室内，雪莉对着林亮、公司总经理及有关人员说，“怎么办？我们要不要试试？”

说实话，谁心里都无把握。只是一个电话号码。对方长什么样？不知道。对方有什么本事？不了解。重要的是他肯不肯指导我们？一切，都是未知数。

“周大福介绍的，应错不了。”有人说。

“不试试怎么知道呢？”七嘴八舌中，也无定案，但大家都同意试一下。

电话接通了，会议室里很静，大家都屏住呼吸等待着。只是几秒钟的等待，却显得很漫长。

“喂……”电话通了，对方是一位男士。

因台湾人讲普通话，电话就由普通话标准的雪莉代为主讲。

“你们是永和公司……林先生……是林亮先生吗？”对方反问。

“是啊。”

对方之后说出的一番话，让大家又惊又喜。想不到，原来他是一个“变形金刚”迷，曾为孩之宝做过多年，现在仍在做玩具、动漫等品牌的推广和落地活动。他早已耳闻林亮的大名，只是未见过。再一听是周大福介绍，口头上已应允会飞来香港见面详谈了。这良好的开头，一下就让会议室的温度上升了。下一步，就是安排首次见面时间。

就这样，从一个手机号开始，胆粗粗地走上了品牌之路。一路走来，精彩多于唏嘘。

这位台湾的M先生不愧是一个专业人士，思路清晰，要求明确，指引到位。听完经典小黄鸭的历史，他很感兴趣。很快双方就达成合作协议，由他牵头，做经典鸭的品牌指导。

2015年春节过后，M先生正式“上班”了。从品牌、宗旨、LOGO策划、图形标准、项目进度到时间编排上，M先生很快给出一份计划行程表。

踏入的是一个完全陌生的领域，凡事刚开头。稍微明白一点的是，抬起脚，下一步该迈向何处了。

做品牌真是一项十分辛苦、十分费神，十分值得付出辛苦和精力的一件事。

M先生上班的地点仍在上海，好在双方经常通话，发E-mail。他也大约一个月可以飞来香港开一次会。到此刻执笔

林亮与“一拖三”经典小黄鸭的世纪合影

时，已与他见了N次面，开过N次会。他很尽责，也很辛苦，多次往返于香港与上海之间。常常是今天来港，明天回沪。来来往往中，大家也从客户变成了好朋友。

三个月后，经过两地两个团队的共同努力，N次讨论，N次修改，一拖三的LOGO、品牌指导手册等终于诞生了。

经典小黄鸭的一拖三LOGO

那一刻，真有想干一杯的冲动。

来自汇丰银行的惊喜

2015年元旦的钟声敲响不久，林亮收到一份E-mail，是汇丰银行发来的。

汇丰银行是世界上最大、最著名的银行之一，2015年是其成立150周年的喜庆日子。在香港，他们除了印制150美元的特别纪念钞让香港市民抽签外，还从上百万名客户中筛选了五位作为代表，每人拍一分钟广告，在香港各区甚至世界各地播放。

林亮有幸成为代表之一。其他四个人是食品业李锦记家族中的李惠中先生、纺织业陈守仁家族的陈亨利先生、兰桂坊之父盛智文先生及互联网年轻人代表周邦亮先生。

这突如其来的喜悦着实让林亮及全公司感到惊喜。

2月12日下午，按通知要求，林亮准时来到位于将军澳的邵氏片场。

邵氏片场曾是一个闻名于世的地方，是培养影视明星

汇丰银行为林先生拍的大片

的摇篮。但此时此刻的它，安安静静。偌大的厂房，空空荡荡，空气中似乎都可闻到休止的味道。辉煌时期那忙碌喧哗的热闹景象，已一去不返。

林亮在工作人员的指导下入了化妆间。有艺术指导从他自带的10条领带中反复挑拣，最后选中一条让他系好。化妆师细心为他梳理头发，又用眉扫、粉扑快速地在他脸上比画，一切自然妥当。

进入拍摄场地，导演及一群工作人员早已守候在场。强光射在林亮脸上，看不出任何化过妆的痕迹。导演指引林亮时而站，时而坐。他手中拿着他那只心爱的经典小黄鸭，向镜头娓娓道来它的历史与故事。他朴实自然的语调，毫不造作的姿势，深受导演赞赏。当拍摄完毕驾车驶出片场时，路灯已经亮了。

4月15日，汇丰银行正式播出广告片。在香港的中环、湾仔、铜锣湾及旺角等地，到处可见比真人还要大的广告照片，港铁的屏幕上反复播出可视短片。

一时间，来自朋友们的祝贺，令林亮和雪莉的手机响个不停。

这一切促使林亮更加雄心勃勃，毫无畏惧地向自己定下的人生目标前进。

品牌路上的风风雨雨

一个同音同字的“鸭”以及两家公司恰巧共用同一个公关公司的默契，令林亮的经典鸭与“鸭灵号”船同日亮相在中环海滨广场。

2015年6月13日，“鸭灵号 × 经典鸭”启航礼举行一周之后，林亮收到公关公司呈来的一册装订本，里面汇集了“6 · 13”活动当天所请媒体发表的文章以及有关网站的报道转载，厚厚一大本。

一天下午，雪莉静静地一个人，坐在沙发上，戴着老花镜，细细地一页页阅读所有文章。读着读着，雪莉的目光突然被一篇“奇文”吸引。题目是《骨董木风帆“鸭灵号” 从头扬帆维港》。

文章中写道：“1948年，塑胶贩子林亮的公司……”后面又写：“……但愿借此次勾当，将他们的产物小黄鸭先容给小伴侣。”文章语句不通，错字满篇，水平低劣到无法形容。

雪莉阅后大为恼火，什么叫“贩子”？什么叫“勾当”？全文用语猥琐，黑白不分，词句不通，且歪曲事实。根据网上记录，当时已有200多个人及企业阅读了此文。

再往下看，原来这是一个不知名的网站，转载的竟是来自新华网的文章。

新华网？这不是一个权威网站吗？怎么可以写出如此不负责任的文章？雪莉再仔细读完全部厚厚一册稿件，又有转发新华网的文章，却是另外一种版本。也就是说，同一个稿件有了两种版本，均来自同一媒体。

当晚，雪莉将此事告知了林亮。阅毕劣文，他也感诧异。为什么会出现这种状况？应如何处理？他并无主意。晚餐后，俩人商议怎么处理这事。上告新华网？好像不妥当，那岂不得罪了媒体？就凭这一篇文章，能有什么结果？弄不好捅了马蜂窝，到头来很可能不了了之。

就这样忍了？那不是自己背黑锅？这是一篇经报刊、电台、网络公布于世的新闻报道，任何人都可以看到。何况记录显示已有200多个人及企业读过此文。经由媒体传播，此文不但会诋毁一个正直企业家的名誉，也将损害品牌形象。若自己都不去澄清任其泛滥，岂不是默认？将来不知会产生什么样的后果。对方已明示是转自新华网，即表明这是代表官方的权威机构，是被认可的。

两人商议的结果，是没有结果。

翌日，雪莉将此事告诉了公司负责人。公司内部也是无结果，尽管大家阅后都感不平、不公。亦有人说：“算了，不会有几个人看到的。”

息事宁人，是大多数人的态度，但雪莉不这么看。事情发生了，是很无奈；不得已迎战，亦感无力；可是漠视的是尊严，放弃的是原则。

雪莉不打算在沉默中停太久，出于心底生长的一份倔强，她选择追究，不当驼鸟。

她马上写了两封信，一封写给公关公司，是他们负责邀请媒体宣传的。现在出了岔子，他们有责任要将此事澄清。

另一封信她写给了新华网。她想知道哪里出了问题。是派出了两个记者，其中一个自行其事？为什么这么一篇不负责任的报道会公布于世？雪莉当过记者，她了解一篇稿件从采访到刊出的程序与环节，怎么可能会无人把关？无高层审核就刊登？是有人假冒还是有人刻意捣乱？总之一大堆疑问在她脑海中。她只想要八个字：水落石出，讲讲清楚。

写给公关公司的信已由公司转交，写给新华网的她却不知道如何投递。

其实，林亮不想得罪媒体，公司亦不想为难公关公司，大家都认为不会有结果，多一事不如少一事。但雪莉坚持，她认为这不是一件可以就这样算了的事。作为被侮辱方的亲人，她有权力为澄清黑白发声，不能让错误的舆论误导读者。

话是这么说，其实雪莉心里也没底，怎么才能保证新华网可以收到她的信呢？从网上发出去？那岂不成了公开信？在事实未搞清之前，这似乎有些鲁莽，欠稳重，不行。寄去北京？十有八九会石沉大海，何况又无具体地址，不退回才怪。

愁了两天，也未想出个办法来。不出所料，公关公司回复，他们也是第一次碰到此种事情，没有处理相关事例的经验。更主要的是，没办法给此事一个怎么样的结果，他们无能为力。

终于，雪莉想到了一个办法，这想法有些大胆，但不妨一试。付诸行动之前，她做了三件事。一是咨询了一位朋友，他是广东营销学会会长杨洪。

他们有缘偶然在一次活动中认识的。当时面对面坐，但其实并不相识。杨先生提到他父亲的名字，雪莉立即看出确实是相似的面容。相识就是这样开始的。

她认为杨先生在处理此事时，比较有经验，于是请他评估一下有多少可行性。二是重新抄写了信件，将原落款“林亮夫妇”改为只有雪莉一人。第三件事是翻找出一张名片。

她决定独自行动，谁也不告诉，包括林亮和公司。“信是我写的，万一捅了马蜂窝，责任我一个人负，与其他任何人无关。”这是后来雪莉告诉林亮她这样做的原因。

当雪莉把一切都想清楚之后，又预测了可能出现的后果，义无反顾拨出了一个电话。当时知道这件事的只有三个人，她自己、杨洪会长及接电话的人。

7月初的一个下午，顶着炎热，雪莉揣着一颗忐忑不安的心，瞒着林亮，带着那封不知会否掀起风波的投诉信，独自去了西环。

中联办接待大厅，她见到了她认识的点头之交——一个富有正义感的年轻人。雪莉与他只见过两次，两次都是在谈工作的饭局上，因为是邻座，又因为同是北京人，就这样接过他的名片，但从未想过会派上用场。

电话中，雪莉简明扼要向他讲了此事，马上，他就回复："林太，你把信送来吧。"他直截了当的明朗态度，更促使雪莉下定决心不想沉默。

在他的指点下，雪莉在空白的信封上写上了收信人的名称，亦在信中留下了自己的手机号码。

她将这封信郑重托付给了他，他将一句承诺交给了她，全程未超过10分钟。交谈中雪莉还得知，三天之后对方将启程离开香港，调回北京某国家机构，所有工作已交接完毕。事后雪莉曾反思，若她再拖拉几天，犹豫不决，对方一走可能她再无机会了。

走出中联办，心情与进去时无大区别，一点未轻松。信交出了，他走了，谁来跟进这件事呢？雪莉并无头绪，若仍无结果，谁还能助她一臂之力呢？不过是想澄清事实，如电影"秋菊打官司"，想要讨一个正确的说法，能得到吗？

她不知道，看来只能听天由命，一切顺其自然了。

两天后的一个下午，雪莉接到一个陌生号码打来的电话，对方告诉她是新华网的负责人。

雪莉的心一下提到嗓子眼，放下原本手上正在做的事情，全神贯注接听这个重要电话。对方首先诚恳地向她及林亮道歉，也就此事给他们带来了不愉快经历表达了歉意。接着他强调新华网也是受害者，那篇文章不是他们的记者所写，另有其人，他也很气愤，有人盗用新华网的名义招摇撞骗。接着对方很客气地询问雪莉想要怎样弥补。

雪莉想不到事情这么快就有了结果，而且是十分理想的结果，这令她开心得有些不知所措。至于弥补什么，她还未想过，当初计划的全是如何对付不知会从哪里飞来的黑天鹅。

不待雪莉回答，对方主动建议，约一个时间，派一个记者重新采访林亮，另写一篇报道。通电话时林亮不在雪莉身边，她既感意外，又感高兴。来不及细想，雪莉当即就接受了对方的采访建议。

放下电话，心中的一块石头也落了地。结局来得如此迅速及完美，大大出乎她的意料。马上，她打电话给她的点头之交。“这么快就有回音了？”那年轻人问，“真是太好了。”

雪莉除了多声言谢之外，知道他翌日将离港，立即约他当晚见面。

见面时雪莉才得知更多细节。那天下午他接过那封信之后，马上就向领导做了汇报，并直接将信交给了负责宣传的某领导。领导十分重视此事，很快阅毕并在信上签署了意见，要求尽快严肃处理。之后此信被转交给了新华网香港记者站，打电话给雪莉的正是香港新华网主任。

有了结果的那天下午雪莉心情大好，一直哼着歌曲忙家务。

待林亮回家之后，雪莉让林亮在桌旁坐下，原原本本向林亮坦白了一切，接着当天就确定了采访日期——7月15日接受新华网记者专访。

2015年7月29日，距离6月13日的启航礼整整一个半月之后，一篇专访《91岁香港工业家二次创业　盼小黄鸭再辟新天》在新华网刊出。

总之，事情已一锤定音，雪莉收拾好心情，又跟随林亮去忙碌了。既然选择了远方，就只有风雨兼程。对于一路上出现的大小问题，磕磕绊绊，沟沟坎坎，只能兵来将挡，水来土掩，一一想办法解决。

7月7日，经典鸭正式进驻香港贸发局属下的设计廊展厅。位于湾仔会展中心的设计廊，是香港贸发局与政府共同为香港本地原创者向外界提供的一个平台，亦是一个展示品牌故事与实物的窗口。任何香港人的创作，只要有创意，达到一定水平和质量标准，经层层审核批准后，才可摆入展厅。

一年前，经典鸭曾提出过申请，但被对方婉拒，现在才有资格登堂入室。品牌之路走得并不平坦，不但有迂回还有停顿。一切源于经验不足，边交学费边学习。

在工展会被邀赶制经典鸭时，一切听从设计师建议，当初命名为“LAMON TEA”（柠檬茶），它包括了三个因素：一是香港人偏爱饮茶餐厅的柠檬茶，以此注入地域元素；二是林亮先生的英文缩写为“L. T. ”；三是容易记忆且亲切上口。

但在后来的推广活动中，“LAMON TEA”这个名字常常被人询问有何意义，更被老师投诉教坏细路，说英文写法不正确等等。其实当初就是遵循林字的广东拼音为Lam，自己造字，而不是要采用“Lemon”柠檬的原写法。

为不想授人把柄以及在后来的品牌指导建议下，经典鸭原先设定的英文名“LAMON TEA”改名为“LT DUCK”。这里面包含了三层意思。

首先，L为“Legend”，表达经典、传奇的内涵，L也是“Love”的第一个字母，所以亦有大爱之旨，有温馨、友爱、勇敢、坚毅的含义。

其次，T即“Transform”，指转变、蜕变、变换，同时有“变形金刚之父”的意思在里面。而林亮英文名亦为“L. T.”，可谓一语双关。

在人生的田地里，收获的不仅有成果，还有生长期时的失败、经验和最后的成功，这是人生的必修课。40—60年代是求生存，60—80年代是求改变，80年代至今是求安稳。

一直以来，香港人喜欢用狮子山来形容香港的一种精神。何谓狮子山精神？

狮子山是位于九龙与新界之间一座著名山峰与地标，因形似狮子而得名。对于香港，它象征着一种精神高地。亦因为一曲《狮子山下》，香港歌手罗文一举成名。

有人将狮子山精神归纳为三点：一是团结友爱精神，二是艰苦奋斗精神，三是敢于创新精神。无论过去或现在，团结就是力量，齐心才能一致；面对竞争剧烈的环境与形势，不想付出努力和汗水，如何改变自己去争取实现梦想？在当今“互联网+”的时代大潮中，不勇于开拓，又如何创造新的奇迹？“放开彼此心中矛盾，理想一起去追。”

93岁高龄的林亮，凭自己似乎永不枯竭的驱动力，放低享受与悠闲，二次创业的精神，一次次感动了听众与陌生人。

一个自主创业的年轻人，收到过林亮送给她的一尊小礼物，那是一只立体小老鼠（林亮是属鼠的），身上背着一个大包袱，寓意无限。她把它摆在办公桌上，天天可以望见它。

她亲口告诉林亮，有一次她遇到难关，不知所措，难过得失声痛哭。泪眼蒙胧中，她看见了那只小老鼠，它仿佛是林亮的化身，当即就给她打了一针强心剂。她在心里问自己，林伯这把年纪了，一生中不知遇到多少困难，到今天仍在创业，我这点挫折算得了什么？于是，擦干泪，不问为什么，又上“战场”了。她对笔者面对面讲述时十分动情，眼泪亦在眼圈里打转。

林亮和雪莉都想不到，一个小小的礼物，竟会给人带来如此大的启发和力量，令他们听后亦备受感动。

另一次，是周六，林亮被约去九龙香港商台录音。其实在林亮的日历里，基本不分什么周六、周日的，只要约定了，一定准时到达。录完离开时，负责联系的女孩搭林亮顺风车。车上，女孩自己说道：“今天周六，真不想一大早起身工作。但想到林生你这样年纪仍在忙碌，我这么年轻，实在没理由偷懒。一想到这些，马上就起身了，而且忙了一上午也不觉得累。”

还有，一位男士，在演艺圈里跑龙套。他一直认为自己辛苦，赚的钱也不多，计划改行找个可发大财的行当。无奈年纪已不小，又无文凭本事，犹豫中一年年过去。认识了林亮之后，他反省自己：“林生从一无所有穷小子打拼几十年，至今功成名就，要嘛有嘛，儿孙满堂了。现在居然还二次创业，不为钱，不为利，这份认真外人难以理解。比起林生，自己三心两意的，又怎么能做好事情呢？”

还有，一位友人说，每当他感到疲累时，特别有时自己出差在外，远离妻儿，或有时开会至半夜才归家，情绪低落时，他都会想起林亮。“我在心里把林伯当成明灯，当榜样。比起林伯我还不到他一半年龄，难道林伯如此高龄创业不感累吗？不觉辛苦吗？对比林伯，我这点也不算什么了。”

还有……，还有太多的人，尤其是年轻人，不分男女，不管熟悉或陌生，告诉林亮，他们从他身上真的看到一种精神，一种无法用言语形容，只能从与他交往中感知到的不经意散出的正能量。它似助燃剂，让平淡的日子注入了不平凡的推动力。

与他谈话，你会在不知不觉中被他吸引；听他演讲，你会情不自禁地产生共鸣。都说榜样的力量是无穷的，在林亮身上，你确实可以看到那种打不死、不言败的香港人精神，亦可以放大说成是中华民族的精神。

舆论当然不是一面倒地赞好，以关心为劝阻的中国思维式“绑架”，多不胜数，许多人嘴上附和“林生，好嘢，叻人”，背后却是冷言讽刺。不按常理出牌的人，被认为不是傻子就是狂人。

雪莉了解林亮的脾气秉性，知道他是在做一件对的事情，但为此投入的精力、时间和金钱等等，有时连雪莉都自己问自己，如此辛苦，如此操心，如此奔波，究竟值不值得这样全力付出？

每天从睁开眼睛的那一刻起，雪莉就不再属于自己，那时刻，有时是凌晨2点至6点之间。早上安静，早上清醒。先将当天要做的事、要约的人、要开的会、要用的资料仔细想好，东西备齐。再写张小字条，放在当天要穿的鞋子上，以防忘记。

有灵感时，会马上坐在书桌前。思绪游荡时，就看书看报。

有时看困了就由着身体的自主召唤睡一会。再起身时，通常是清晨5点半至6点，之后就是一长串的具体事情如雪崩般滚滚而来了。

厨师、清洁工、司机、秘书、助手、公关、医生、陪护，大小事情一脚踢。此外，还要抽空写文章，可谓全能主妇。

事实上，人的一生并没有一个标准答案和统一模式。每一次选择，每一条路，每一种活法，只要不损人、不犯法，都应值得尊重和被接纳。毕竟生活是给自己过的，不是给别人看的。因爱会变，因爱会得，且行且自强。尽管有时迫不得已也要做一些脸面的装饰，但真诚、信誉和勤奋，在林亮和雪莉看来，一定是必不可少的人生要素。

不变的是真诚，不倒的是精神。

活到老学到老——世博会最年长设计者

2010年的到来对中国及林亮都别具意义。

一是首届世界博览会（Expo）5月将在上海举办。二是7月林亮被通知入选“南海大沥十大感动人物”之一，9月领奖。三是在10月，中国玩具协会向林亮颁发一个史无前例的特别荣誉奬，祝贺他从事玩具业60周年。

世博会的召开对中国来说是一件惊天动地的大事，它触动了林亮的神经。他想利用这次机会，借力这个平台，生产和销售一些中国人自己设计的玩具及礼品。早在一年多之前他就开始行动了，但公司最初的态度有些犹豫，主要因时间太紧迫，人手不足，所需送审文件太多。

但林亮坚持要做这件事。这个全场最老的设计师亲自出马，应世博会要求，自己设计了一个迷你冲浪滑板。吉祥物海宝以一往无前的精神，无惧惊涛骇浪，一马当先，踏着快速移动的滑板奔向前方，奔向世博，并预祝世博会一帆风顺，一举

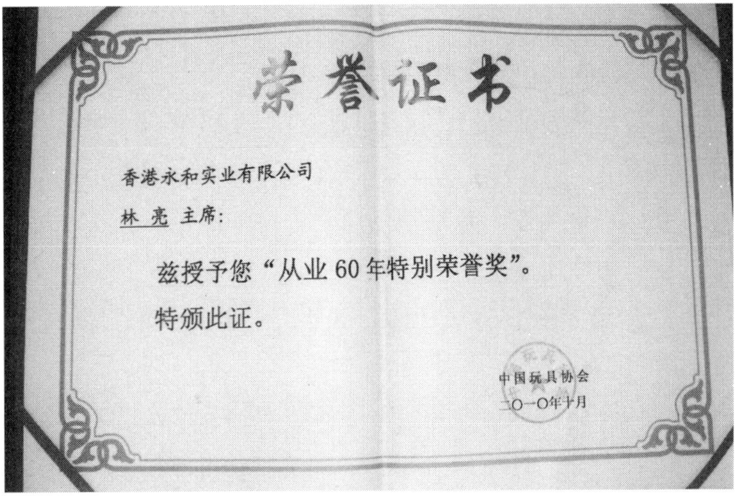

中国玩具协会给林先生颁发了“从业60年特别荣誉奖”

成功，最终驶向胜利的彼岸。

“海宝滑板”除了可做世博纪念品，亦是众多海宝系列中少数可滑动玩乐的玩具之一。

没有门路，没有关系，更无台底交易，林亮带太太一起飞上海找上门毛遂自荐。

不仅是林亮，全中国大中小企业都想借力这个平台展示自己的产品。据说送审的玩具礼品过万，而世博会的门槛并不低：必须有3C认证，必须有世博会标志或其吉祥物海宝。每种产品要交20万保证金，若产品出现质量问题引发退货、诉讼或事故，先从保证金中扣款，若无任何问题出现，展会结束后将款退回。还有，在展会结束时，所送展销品要达600万以上的销售额，若不达标，将扣除保证金。在大多数企业抗议下，这后一条辣招终被取消。

毛遂自荐的结果是获官方批准入门，接下来便是自己对自己的“战争”。打赢了，皆大欢喜；输了，真金白银交学费。

在国内做生意，最麻烦的就是人事关系了。等将一尺多厚的正式文件递进去，除了消耗时间等待，还要完成一个又一个审核，盖妥一个又一个红章。当走完一个又一个程序时，已是4月下旬了。

世博会5月1日正式开始，文件若不Ok，手续若不办完，不敢生产产品。等一切Ok了，时间又紧张得不得了。其实为了节省时间，林亮已授权委托上海的好朋友作为永和代表，拜访一个又一个有关政府部门，开一个又一个没完没了的会议……终于，通过了层层关卡。

从开模到产品上架，仅用了两个月时间，这已是能抢出的最快速度了。正式将滑板摆上架那天，已是7月2日了，很多早鸟都已卖了两个月了。按行规，9月结束，到8月份该打折销售了。参观的人数是不少，但产品也不少。前三个月才是销售黄金期。

滑板起步慢闸，生不逢时，销售势头很好，但数量一般，因受展期所限。

5月8日，开展才一周，夫妇俩已急不可待去了上海观展。用人山人海、人头涌涌等任何形容词都难以表达现场所见洪水般的观众。

雪莉照例用上她的小聪明，在登记处借了一辆轮椅，推着林亮四处参观。既可以让他不用那么辛苦行路，又可以节约时间。每到一个景点，轮椅都有绿色通道，不用排长队。但也有例外，沙特馆和德国馆怎么说也无用，不肯通融，一样要排起码四个小时以上队，后来他们索性放弃。

最后还是通过在柜台售卖滑板玩具的义工，得知他是原创人又从香港来，托关系走后门免排队进到了沙特馆。

看完浓缩的一个个展馆，才知道自己仍是井底蛙。世界太大了，天外有天。视野的每一次馈赠，都是对心灵的一次撞击。若想探索和开拓更广阔天地，所需的勇气、精神、时间和金钱的一一付出，绝不是一件容易的事。

当炎热的7月来临时，林亮被当地政府工作人员通知，他入选了“大沥十大感动人物”之一，9月将颁奖。

对于这些荣誉，他并不看重，他认为他只做了他认为对的事情。至于谁提名他，投票人数有多少的细节，他完全不知道。在官方便饭的餐桌上，他认识了邻座的伍姨。

此次的邂逅又让他做了一回慈善家，每月资助1000元助她患病的孩子看病，买营养品，一帮就是五年。

老顽童的长寿密码

有一句话是这样说的“幸福不会从天降”，“馅饼不会从天降”。是的，健康也一样，不会从天降。

近日，林亮接到两个友人电话，要求见面闲叙。估不到的是，两人不约而同都是想向他取经养生之道的秘诀。

如此正式又重视地被约谈健康，令人颇感意外，亦让雪莉心里有些震动。

1994年林亮与雪莉结婚，两年后雪莉定居香港。林亮的健康与雪莉日日贴身照顾是分不开的。许多时候林亮经常被人问到最多的三条问题是：你每天吃什么补品？做什么运动？你是如何保养的？通常林亮会用四句话简洁回答：“吃得清，行得稳，看得开，睡得狠。”

在日复一日年复一年的具体生活中，是否如此说说就可以做到呢？实际上并不容易。如今资讯发达，手机里有太多的忠告、太多的偏方、太多的杂音，说是心灵鸡汤也好，健康谣言也好。总之，如今生活改善了，人们反倒手足无措了。不知今天应怎么吃，明天该怎么活。

好在林亮是一个异数老人，他没有智慧型电话，也从不听信那些所谓养生之道。他只听从他自己身体向他发出的信号，想睡就睡，想吃就吃。如果告诉你，他每天从不吃什么补品，连维生素都无；也从不做运动。雪莉与他结婚23年中，只游泳过一次，没看错，他仅仅是在水里站了五分钟而不是游了五分钟。最喜欢睡觉、按摩和打麻将。喜欢吃甜品，若可以，早午晚三餐都可以。这些都是事实。你相信吗？ 就像报纸上登出87岁的股神巴菲特，每天饮六罐可乐，最喜欢嚼饼干一样，令人跌碎一地眼镜片。

2006年，在一次慈善筹款活动中，林先生担任足球赛领队

这个反传统、反专家、反科学的活样板，90岁还二次创业。不仅创，还日日夜夜做许多具体事务。今天约这个，明天见那个，精神抖擞，思维敏捷，中气十足，平易近人，幽默活泼。你可以随时“野生捕捉”林亮，在地铁，在小巴，在餐厅，在会所……几乎所有不知底细的人，十个有九个半猜不中他实际的年龄。往往大吃一惊之后接着问的都是那几句：“你吃什么补品？”“你每天做什么运动？”“你怎么保养的？”而他十年一次的生日贺宴更是朋友们翘首盼望的一件事。

在这里，雪莉乐意如实向大家详细介绍林亮日常琐碎生活的一切，亦希望可以给人启示。

每天早上若无约会，雪莉都希望林亮睡到自然醒。但实际上一周内很少可以做到，尤其每周一至五，几乎天天要上闹钟。只有周末和公众假日偶尔可以。一般老人们都喜欢早起早睡，9点之前睡，清晨四五点起床。

林亮相反，基本上半夜11点之前不会睡，大多12点左右才上床，睡前一定要看书。早上一般8点左右起床。若无约，9点、10点也有过。洗漱之后，早餐多在9：30至10：30之间，麦片、咖啡、粉面、粥、面包等无甚特别。午餐他一般在外面吃，会所、茶餐厅、酒楼等。若在家里吃午餐，也无外乎三明治、粉面、鱼粥等，但盛在他碗里的一定有肉。晚餐多半时间在外应酬，经常是酒席、自助餐等等。在家吃的话，雪莉有空会煲广东汤，没空就是罐头汤，以周打鱼汤、蘑菇忌廉和玉米羹为主，一般两到四个菜，有荤有素。具体如萝卜牛腩、煎羊

2011年10月，林先生夫妇与蒋震夫妇、金耀基教授同游

排、焖猪手、牛肉炒芥兰、番茄炒鸡蛋等家常菜。晚餐他基本不吃主食。

凡是吃过苦的人很容易满足。可以吃饱就Ok了。林亮也是，很随和。精致也是一餐，粗糙也是一顿，不讲究，不挑剔，不麻烦。但有一点他很坚持，不喜欢浪费，浪费他会心痛。

在看似平平无奇的日常饮食中，是否可以解读出林亮的长寿密码呢?

先说吃，林亮不挑食，什么都吃，什么都敢试，各种肉类，天上飞的，地上走的，田里爬的。包括老鹰汤，飞龙煲，驴肉、狗肉、马肉、蛇肉、鸵鸟、袋鼠、鳄鱼肉、蝎子禾虫、熊掌鱼肠和田鼠等等。喜肥不喜瘦。用他自己的话说“肥肉香，瘦塞牙”。所有肉类中最喜欢牛羊肉、猪手和鸡爪。此外，还喜欢饮汤，中意芝士、奶油、各种甜品以及雪糕。甜品一日三餐饭后吃都不腻，尤其西点。

他天天饮茶，只饮普洱一种。时有奶茶、咖啡。

天天吃水果，雪莉每天两次给林亮准备。一次是每天早上榨新鲜果汁。不拘品种，以应季水果为主。另一次是晚餐一小时之后，洗好，切好，放上水果叉，连葡萄都是每粒剥皮去籽。水果中林亮最爱甜柿子，北京是大大的一个，香港是以色列和智利进口的小而脆，极甜，通常八至九个一盒装。芭乐、木瓜、凤梨、柚子、葡萄是他的至爱，反而对西瓜、蜜瓜兴趣一般。

此外，林亮有三个习惯应是有助于长寿的因素：一是每天必睡午觉。多在下午，有时间一小时左右，无时间也会抓紧时间闭上眼睛休息15分钟至半个小时，随时随地“充电”。

二是按摩。被动运动，几乎天天按，借助他人之手松弛肌肉与关节。风雨不改，至今坚持了近50年。

三是穿厚袜。香港是个炎热的城市，很多人喜欢穿人字拖，但林亮居然没有凉鞋，从不穿露脚趾的鞋。不但如此，即使三伏盛夏也是穿厚厚的袜子，一年四季不变。

还有，他不会为任何难事睡不着觉，也不会为任何不快发脾气。

作为一个集团主席，高峰时管理近两万工人，七八个工厂，怎么可能没有烦心的事？光是要应付收各种费用的人，今

老顽童，摄于2017年林亮的办公室

天要征清洁费，明天要求赞助费，后天要交环保费，必要时都要他这个当主席的出面……几十年的生涯，怎么可能一帆风顺？多少大事小情，还包括许多意外之事。有些事不是不在意，而是在意了又如何。

即使泰山压顶，林亮都可以做到淡定从容。该吃饭时吃饭，该休息时休息，一觉醒来再做打算。“看得开”三个字，说易行难。心平气和也是要自我修行后才能到达的境界。

解读林亮生活点滴，没有石破天惊的秘密，好普通，好平凡，但又有异数。

在23年的陪伴中，雪莉体验出：午睡是健康的驿站，按摩是长寿的钥匙，不烟不酒不挑食是珍惜生命的馈赠，忘记和宽恕是善待自己的智慧。

有言道，心小了，小事就大了；心大了，大事都小了。最难是坚持，多为成功找方法，别为失败找理由。人生的盘子里充满诱惑，也充满拒绝。当身体天天被诱惑时，被拒绝的只能是健康，与长寿更是无缘。

不敢惊动的谢幕

自1948年林亮被小黄鸭牵引走入玩具业，至今已近70个年头了。一路跌跌撞撞，但越走越清晰，身上的使命感亦越来越感分量。虽然路并不平坦，但已不再盲目。

2015年11月3日，林亮荣获香港工业总会颁发的“杰出工业家”奖，并由当届特首梁振英亲自颁奖。这是一个在业界含金量很高的奖项。

在发表获奖感言时，林亮说了一番肺腑之言：

“今天很高兴在91岁高龄得到这个奖。几十年来，我欠了一大批债——人情债，在这里我向过去鼓励我、关怀我的亲友，一直支持我的汇丰银行、香港政府、客户、供应商等所有人致谢！

“……几十年来，我从一个三无人物，靠勤奋、摸索、好学和谦虚，打出一片天地。从25个人开始，至今创造出千万个就业机会，为国家创了许多外汇，亦有许多从前在我这里打工的员工，后来自己当上了老板。长江后浪推前浪，香港现已在世界上享有‘玩具王国’的美誉。

“经过不少难关，我1948年创作的小黄鸭终于走上正轨，它一路散发正能量，这也是业界值得高兴的一件事。在这里我也想对年轻人说几句，只要肯吃苦，肯拼搏，机会仍然存在。现在的经商环境已比我当年好了不知多少倍，努力才会有收获。看我都90多岁了，还在做事。（说这话时林亮挥起拳头）我是打不死的！……

“最后，对所有曾经帮助我和爱护我的人、在天之灵的父母、我的第一任妻子、我的孩子、公司所有员工说声感谢，我永远不会忘记。谢谢大家。”

2015年，时任香港特首梁振英为林先生颁发“香港杰出工业家”奖

历史的回顾，改革的阵痛，成长的代价，生命的光影，带着激情，伴着体温，令人又有新的期待。

2016年1月，中新社采访了林亮；2月，《珠江时报》又派6人采访队来香港拍摄；接下来，《经济时报》前后两次采访林亮；TDC（香港贸发局）五十年大庆又邀请林亮参与拍摄短片。

媒体一连串的正面报道，涟漪不断，小黄鸭知名度逐渐上升。经友人黄宏达介绍、陈图安穿针引线，林亮结识了中英剧团的新朋友。

一切仿佛命运牵引着，在这场看不见终点的马拉松跑道上，接力赛一棒传一棒，上演着一幕又一幕精彩的连续剧。

2015年11月3日，林亮荣获“杰出工业家奖”后，一众好友合影留念

很快，中英剧团派人多次采访林亮，录音、索取资料、整理素材……同声同气的香港人，狮子山下创业史，引入变形金刚，复制小黄鸭等等。这种默契的共鸣，熟知的历史，亲近了文学创造者的心灵。他们拿出十二分的真诚，数度更改剧本，创作出一部名为《黄色小鸭》的舞台剧，已预定2018年1月在香港公演。宣传海报是这样写的：

艺术总监古天农，编剧叶君博，导演卢智燊。原创剧《黄色小鸭》以香港玩具业先驱者林亮先生的传奇人生为蓝本，借林先生的奋斗事迹及人生理念，展现不屈不挠的香港精神。

林先生是土生土长的香港人，历经太平洋战事及之后的贫苦岁月，一生奋斗不懈。他灵活变通，积极把握每个机会；他以诚待人，广交坦诚相对的合作伙伴；他坚守信念，屡屡化危机为转机；他乐于助人，为贫苦学生燃点希望。林先生的经历是香港传奇之一，寄托了无数平凡香港人的梦想。他所展现的狮子山精神，引证无论环境多么恶劣，只要不乱于心，定能掌控自己的命运前程。

2018年中英将搬演这出香港传奇，让戏剧扎根本土，深入民众。由中英教育部戏剧导师叶君博执笔撰写，助理艺术总监卢智燊担任导演，制作百分百中英出品的本土剧作，呈现百分百香港情怀。

林亮二次创业，令经典小黄鸭LT DUCK再次浮现，成为一次勇敢的尝试，也成为他下定决心的一场穿越。从此，他进入了另一个新的领域，冲破困局，为自己，也为品牌，注入新的活力。

在80岁时活出了18岁的干劲，在93岁时活出了39岁的精力。其实年龄只是一个数字，你丝毫看不到他对岁月的妥协。幽默、年轻、顽皮和可爱的心态，是岁月的天敌。

2017年，媒体依然追踪着林亮和他的LT DUCK经典小黄鸭。同时，内地的合作伙伴——上海乐标文化传播有限公司也开始了行动。令人始料未及的是，小黄鸭受欢迎的程度。本来是谈其他合作项目，顺便提了小黄鸭，结果反倒压倒了主观认

東方日報
第48年140號
出紙7疊16張
共64版
售7元
2016年6月
丙申年
五月初五日
9
星期四
政府指定刊登法律廣告之刊物

優惠喎！（互聯網）

創業又行善 鴨仔有排忙

由著名工業家林亮設計嘅黃色經典鴨又再出動，尋日林亮同灣仔一間富豪飯堂成立聯營公司，齊齊推出以鴨仔為主題嘅食品及餐具，例如曲奇、朱古力、牙籤及水壺等，甚至會開經典鴨主題餐廳。林亮話，賺咗錢梗要做善事，所以佢哋同時成立「香江水暖慈善基金」，積極回饋社會。

咁大動作，林亮嘅家人梗要撐場，包括大仔兼立法會議員林健鋒及孫仔林凱章，仲有外孫陳永誠，平時好少見嘅林亮細仔林健勳兒子林仲賢（Alvin）亦有到場。Alvin原本從事時裝行業，半年前才返家族公司幫手，主力負責愈來愈忙碌嘅經典鴨，唔知未來鴨仔會唔會變得愛打扮，變成潮鴨呢？

林亮（左二）帶鴨仔出嚟搵錢及行善，林健鋒（右二）、林凱章（左一）及林仲賢（右一）齊撐場。（陳嘉順攝）

2016年6月9日的《东方日报》，报道了小黄鸭之父的二次创业

为重要的合作项目。于是，2016年12月中旬至2017年2月，上海浦东机场二号航站楼国际出发口，出现了一只五米多高的巨型鸭妈妈，同时伴有三只小鸭，它们的亮相吸引了来来往往的人群。

一天，一个路过的女子对那组鸭群凝视了很久，又去专柜打听了一些情况，回香港后她又上网查找。当她了解到LT DUCK的原创者是香港人林亮时，立即汇报给台长并提出了采访建议。台长亦十分重视。春节后不久，林亮便接到香港亚太卫视的邀请函。

2017年10月，中国玩具和婴童用品协会授予林亮先生终生杰出成就奖

解小玮女士无意中在上海机场与LT DUCK经典小黄鸭的邂逅，引来了亚太卫视对林亮的视频采访。而这次采访，又让陪同林亮的雪莉认出陈笺台长竟然是20年前与她曾有过短暂交往的朋友。

这个世界真是太小了。

如果说“走进中央电视台”是第一幕，浦东机场是LT DUCK在国内亮相的第二幕，亚太卫视普通话的媒体传播是第三幕。接下来，中央电视台7月份播出的大型纪录片中，第四幕是对林亮的详细报道。8月份凤凰卫视在对改革开放30年回顾和庆祝香港回归20年系列报道中，林亮的专访约有近半个小时，这是第五幕。那么，其他对佛山狮山石门中学“我的人生路”专场讲演，六一儿童节捐赠上千件玩具给贫困儿童及相关慈善活动等的采访已不计其数。

LT DUCK经典小黄鸭群组的曝光，展示了经典，定格了林亮。

2017年注定是值得纪念的一年，这一年是香港回归祖国20周年，新一届特首林郑月娥走马上任。

而外面的世界，依旧风云变幻：美国是已经上任的狂妄自大新总统特朗普，俄罗斯是不动声色的普京，朝鲜是独断专行的金正恩，法国是年轻有为的“小鲜肉”马克龙，最新出炉的是韩国的补选总统文在寅。中国台湾地区前领导人陈水扁仍在狱中斯人独憔悴，英国已脱欧，昔日青瓦台女主人成为阶下囚，大大小小恐怖袭击不断……世界一片纷乱。

不管外面如何，我自岿然不动。其实，早在2016年，香港政府就已经在为庆祝回归20周年做准备了。

设计师设计了几款庆回归图案，其中一幅是随手画了一只鸭子和一个皮球。设计师认为鸭子的形状似“2”，球当作0，用它们会使图案生动活泼些。

初稿出来后，有同事看到并告知，好像香港有个姓林的工业家也有一只鸭子。于是上网查找，发现了林亮和他的经典小黄鸭；又通过香港历史博物馆，取得了林亮的联系电话。初

2015年香港玩具业周年晚会上，林亮夫妇与林郑月娥女士合影

步了解情况后，他们一致认为，用本港工业家的鸭子更贴切更具意义。紧接着9月份，政府新闻处人员带着合同来到林亮公司，双方签署了同意书。

当时出现在大家视野中的六款庆回归图案中，林亮的经典鸭是唯一一个需要取得授权的图案，这是一个双赢的局面。

其实从林亮决定二次创业，经典小黄鸭曝光之后，就一直不断有政府部门及企业找上门来要求合作。目前在香港各主要电车站张贴的大型滴露看板，就是最近与国际大品牌合作的结果。比林亮真身还巨大的广告板，矗立在上环、铜锣湾、旺角等地，不少朋友看到都打电话来祝贺，更有人不辞辛苦亲自去广告板前与“林亮”拍照留念。

2017年1月，林先生为滴露DETTOL品牌拍广告时的温馨画面

这个全世界家喻户晓的消毒液，1937年就诞生了。在80年后的今天，为庆祝品牌诞生四处寻找着合适的代言人。

素不相识的广告公司毛遂自荐，找上门来时双方都不认为有多少把握，听说有四家广告公司在同时争夺这个机会，大家都在各自努力。

第三次开会时，雪莉忍不住大胆提出自己的创意，“要从独特的角度切题，给人新意”，她说：“我认为应从两个方面去策划。一是90岁二次创业，二是当年林亮打工时很早就卖过滴露。”果然一击即中。广告公司亦认为此创意合适，一番努力后，击败了另外三个对手，拿到该广告策划权，而林亮也成为了广告中的主角。

这真应验了那句话“你若盛开，蝴蝶自来”。

而更新的消息，是LT DUCK经典小黄鸭将与海洋公园牵手，让小朋友在海洋公园建园40周年庆典中玩沙戏水，约会6500只小黄鸭。

经典小黄鸭不同于目前任何形态的其他鸭品牌，它是独特的，是承载着集体回忆和历史符号的标志性载体。每当你看到它，都会情不自禁想起童年澡盆里的欢悦。因为亲情，才有温暖；因为温暖，才有疼爱；因为疼爱，才有责任。爱不仅是一个字，还蕴含了无限的张力。经典小黄鸭也不仅仅是一件产品，它还是精神文化繁衍的推手。

无人知道林亮能否看到最后的结果，93岁的玩具人在尽他的心，出他的力，圆他的梦。既然是经典小黄鸭牵引他入了玩具业并结下毕生不解之缘，那就让过去所有的苦难和辉煌变

2017年11月21日，香港举办盛大的创业竞赛“创业盛典”，93岁的香港玩具大王、“小黄鸭之父”林亮先生受邀发表主题演讲“创意无限时”。林亮与香港特别行政区行政长官林郑月娥、阿里巴巴创始人马云合影

成奉献给这个世界的一份大爱和欢乐。

这一场经典与感动的行走，带着彩色的烙印，永远不会落幕。

二〇一七年五月十一日

于香港

后记

走进历史，才能感知现在。

在中国，往往是以成败论英雄的。书中的主人公算不上英雄，他只是一个前辈，一个早出生我们几十年的老人，一位战争年代、中华人民共和国成立、“文革”和改革开放的见证人，是千千万万个平凡人之一。但是在他平凡的人生中，有着不平凡的两件大事，必定会在历史上留下印记：一是1948年原创经典小黄鸭；二是改革开放早期，大胆引进变形金钢。

在互联网、手机横行的今天，我不知道还会有多少人仍有耐心读完这本书。90多年的人生经历，实在有太多要写，浓缩再压缩，才有了现在这本书。

写作不同于买菜装大筐，扫一眼什么都可以拿来放入筐内。没有灵感的时候，坐在桌旁对着稿件，耗两个钟都还是无灵感。硬憋出来的语言是干巴巴，无水分的，若自己都不认可，又怎会以此去浪费读者的时间？

写作也是一件很寂寞的事，独自一人，对着纸和笔，不能开电视，太吵会分神；不能出外应酬，太耽误时间。我也几乎不开空调，因为肩周炎，平时要贴药膏和按摩，受风后会更痛，只好忍。打开窗，吹进来的又都是热风。写作时去得最多的地方是洗手间，因不停地出汗，要不停地饮水，不停地用凉毛巾擦腋下和后背的汗。出汗多时，连头发都是湿的，我自嘲这是排毒。

每个人都有一个梦想，有大有小。我的是小梦——用手中的笔将一些历史事实用文字留下来，写一本有文采、吸引人的传记，而非流水账。阅后给人留下印象，留下回味。这当然需要功力，我自知远远不够，但我愿意学习，乐于改进。我由衷地希望，有那么一天，后代看到小黄鸭时，会想、会问：它到底怎么来的？它代表了什么？它告诉了我们什么？

在这里我要特别感谢金耀基教授，他是我非常敬重的学者。当我满怀歉意硬着头皮开口请他写序时，不曾想他会一口应允，令我惊喜。事后才知他非常忙，找他的人也非常多，他已推掉了六个请求，这更让我感到不好意思，而金教授又非常负责任地提出要看完全部文稿才肯动笔。如此打扰他，让我更加过意不去。

三联书店是我十分喜爱的书店之一，先生亦至少每月去一次。很巧合，它也是在1948年成立的。冥冥中似乎命运安排，该书港版与三联牵手，也是因缘而至。

现在，有缘与南方日报出版社携手出版简体版《小黄鸭之父——香港玩具人林亮传奇》，我亦感荣幸。

近期，南海区政府与南方报业传媒集团正在南海区千灯湖公园邻近地段打造“珠三角工匠精神展示馆”，承蒙厚爱，林亮先生的LT DUCK经典小黄鸭被选中。目前，我们已成立新公司，并以原创经典小黄鸭艺术馆的形式展示LT DUCK拼搏向上的奋斗精神。

在此，特别感谢南方日报出版社，刘志一编辑、陈静编辑为此书付出的努力。

捧着这十几万字的习作、六年的心血，心里都有一点小激动。不论社会如何评价，它在与阳光的对望中努力透出自己的一束明亮：用文学的形式为彷徨犹豫、思绪杂乱和患得患失的人们，提供一种自己相信别人、也相信的信念——没有谁的人生是容易的，每个人都是一本书。

这本书的只言片语，或许可以给人些许启示和参考，这也是我的初衷，一为记录，二为传播。我喜欢以书交友。如果此书阅后能给你留下一点思考，哪怕只是一点点，在我心底的角落，都会有一份朴素的欢喜。

最后用泰戈尔的一句诗，作为本书的结束语：“天空没有鸟的痕迹，但是它已飞过。”

二〇一七年五月十日

于香港

跋·学习林亮精神

杨开茂

《小黄鸭之父——香港玩具人林亮传奇》最近出版，我有幸先睹为快，花了几个半天细细品读书稿，感受良多。

林亮先生是我的老朋友了。30多年前，他的企业接产美国著名玩具商孩之宝的变形金刚。随后为了中美玩具企业进一步合作，我们一同接受孩之宝等公司邀请，前往美国考察，探讨两国企业培训人才、提质降耗、合作共赢等问题。此行给我留下深刻印象，当时林亮先生已60多岁了，他一路上精力充沛、极其负责，既是行程统筹又是翻译，既是向导又是总务，考察活动非常成功。在几十年的交往中，我对他的为人、品德、能力和业绩有了深入的了解。而此书则全面系统地展示了林亮先生的传奇人生，加深了我对他的印象和了解。

林亮先生的一生有许多精彩动人的故

事。他走过的人生路，对世人、对玩具业界后辈有许多启发。我只谈其中几点：

他不信邪，不信命，一生勤奋，一路拼搏，自强不息

我对林亮先生有一种特别的亲近感，可以说是惺惺相惜吧。那是因为我们都经历过苦难的童年，都经历过衣不遮体、食不果腹的悲惨日子。

家庭困苦，时局不利，他少年就被迫辍学，但是他机智聪敏，坚信知识决定命运的道理，“只有知识才有出头日”。他勇于克服一切困难，创造机会接触知识，苦读外语，启发思路，装备自己，从而拥有敏锐观察事物的眼光，敢于踏出先行的每一步。

林亮先生今年93岁了，做了几十年的OEM。90岁时他说要做自己的品牌，开始第二次创业。其实，林先生的一生，已经创造出一个响当当的品牌，那就是勤奋、机敏、创新、诚信，一个香港玩具人的发展之路。他从一个侧面反映了香港玩具的发展史，代表了香港许多玩具厂商的发展史，是业界的骄傲。

“诚、信、勤”三个字可归结为他成功的秘密

林亮先生一生勤奋，创业的过程中，经历过许多风雨、许多诱惑，但他始终坚持原则、诚信待人，从不见利忘义。他和孩之宝合作几十年，亲手将“变形金刚”引入中国市场，被誉为“中国变形金刚之父”。孩之宝成立至今已换了几代掌舵人，但每一位都与林老先生保持良好关系。永和集团是孩之

宝合作时间最长，也是其最大、最重要的制造商之一。据说孩之宝每一任退休的总裁在对下一任交待工作时，都有关于永和集团、林亮本人、林氏家族的特别赠言。这是对永和集团几十年如一日忠诚服务、交货准时、品质优良等表现的高度认可和赞许。

永葆一颗赤子之心，是他长寿快乐的源泉

林亮先生是玩具界的老行尊，是杰出的玩具企业家，同时也是一名慈善家。他有一颗赤子之心，一辈子都做焕发正能量的玩具人，为孩子们服务尤其热心、用心、真心。他同情弱势群体，向来关心教育，热情支持教育事业。他捐出的一笔笔助学金，支持的一个个图书馆、幼儿院，交付的一笔笔解困资金……有许多动人事例。我试举几个亲身经历的例子：一是热心支持广东省玩具协会。他在上世纪80年代广东省玩具协会创建初期面临困难的时候，伸出了援助之手，慷慨支持80万港元，为协会购置了第一套办公用房，令得“玩具企业之家”安置下来，为协会为玩具界做出了无私奉献。二是他支持地处粤东山区的大埔百侯中学贫困而学优的三个高中生三年助学金。另外，他20年前赠给百侯幼儿园的小滑梯，至今还是小朋友们最喜爱的游乐玩具。

林亮先生是一个不知疲倦的人，正如他的夫

人、本书作者戚小彬女士说的："他一生不曾轻松过，一生拼搏……听从梦的召唤……来一个自强的转身，重新又出发了。""只要青山在，每天都精彩。"林亮精神就是诚、信、勤，逆境求存，永不气馁，打不死，不言败的香港人精神。

这些都是我们学习的榜样。

我衷心祝愿老行尊、老朋友、尊敬的林亮先生健康长寿！

二〇一七年八月十八日

于广州

（作者系广东省经贸委原副主任，广东省玩具协会和广东营销学会创会会长）